CLV

Jean Gibson, Christoph Krumm, Heide Lüling

Folge mir nach

Wegbegleiter

Wenn nicht anders angegeben, sind die Bibelzitate in der Regel der Elberfelder Übersetzung 2003, Edition CSV Hückeswagen, entnommen worden.

4. überarbeitete Auflage 2025

Bei Fragen zur Produktsicherheit erreichen Sie uns
über gpsr@clv.de oder auf dem Postweg.

Bearbeitung: Christoph Krumm
Satz: EDV- und Typoservice Dörwald, Steinhagen
Umschlag: Lucian Binder, Marienheide
Druck und Bindung: ARKA, Cieszyn, Polen

Artikel Nr. 255156
ISBN 978-3-89397-156-5

Inhalt

Vorwort zum Begleiterbuch

Genauso wie jede Mutter weiß, dass der Säugling intensive Pflege und ganz viel Liebe benötigt, wollen auch wir uns um den gerade geborenen Baby-Christen[1] kümmern. Er braucht Anleitung und Hilfe zum neuen, geistlichen Leben. Dosierte Informationen und gelebtes Vorbild des reiferen Gläubigen sind wesentliche Hilfen zum geistlichen Wachstum. Der Herr Jesus drückt das so aus: »Weide meine Lämmer!« (Johannes 21,15).

Paulus nahm diesen Auftrag sehr ernst. In 1. Thessalonicher 2,8 heißt es: »So, da wir ein sehnliches Verlangen nach euch haben, gefiel es uns wohl, euch nicht allein das Evangelium Gottes [Information], sondern auch unser eigenes Leben mitzuteilen [Vorbild], weil ihr uns lieb geworden wart.«

Diese Idee, den Baby-Christen durch Gottes Wort und Vorbild im Glaubenswachstum aktiv zu unterstützen, ist ein wesentlicher Teil des Missionsbefehls. Dem Herrn geht es dabei nämlich nicht darum, »Gläubige zu machen« – sondern darum, Jünger zu machen! Er sagte: »Geht hin und macht zu Jüngern.«

Weil »Lässigkeit« niemals unsere Antwort auf den Missionsbefehl sein darf, wünschen wir Dir viel Freude, Geduld, Ernsthaftigkeit und Hingabe in diesem wichtigen Dienst! Der Kurs, den Du in Händen hältst (bestehend aus: *Folge mir nach – Erste Schritte* und *Folge mir nach – Wegbegleiter*) versteht sich als ein »Mentor für den Mentor«, indem er …

1. … Dir das Ziel einer Nacharbeitsbeziehung erklärt, denn: Wer das Ziel nicht kennt, wird auch den Weg nicht finden!

---

1 Die Begriffe »Junggläubiger«, »Neugläubiger«, »Mentee«, »Baby-Christ« und »Frischbekehrter« werden in diesem Kurs als Synonyme benutzt.

2. … Dir Rat und Hilfestellung gibt, wie Du dem Junggläubigen bei seinen ersten Schritten mit dem Herrn helfen kannst und wie Du diesen Kurs am besten benutzt.
3. … Dich zu einer verbindlichen Nacharbeitsbeziehung motiviert.

Warum überhaupt Nacharbeit?

Nacharbeit bedeutet, jemanden, der eine Entscheidung für Christus getroffen hat, zu einem guten Start in der Nachfolge zu verhelfen. Das ist sehr wichtig, um einen Junggläubigen im Glauben zu festigen.

Was ist Nacharbeit?

Nacharbeit beinhaltet geistliche Ermutigungen und praktische Ratschläge nach der Entscheidung für Christus. Sie wird von einem reifen Christen (= Mentor) desselben Geschlechts durchgeführt. Nacharbeit umfasst grundlegende Bibellektionen, aber auch gemeinsames Gebet, Gemeinschaft, Rat und nach Bedarf auch andere Hilfen. Man trifft sich normalerweise einmal pro Woche für ein bis zwei Stunden, um den Inhalt der Lektionen zu besprechen. Außerdem sind telefonischer Kontakt und gemeinsame Unternehmungen erforderlich.

Warum macht man Nacharbeit?

Gute Nacharbeit ist notwendig, um die Frucht von evangelistischen Bemühungen zu festigen und Hilfestellung beim Start in das Leben der Jüngerschaft hinter dem Herrn her zu geben. Manchmal deckt sie aber auch eine oberflächliche oder unechte Bekehrung auf, die zu einer echten Beziehung zu Christus geführt werden muss.

Wie macht man Nacharbeit?

Der Mentor, der verantwortlich die Nacharbeit durchführt, muss ein Freund und Ermutiger sein. Es genügt nicht, die Antworten auf Richtigkeit hin zu überprüfen. Die Lektionen sind nur Hilfsmittel, die man benutzt. Es geht nicht in erster Linie darum, Wissen zu vermitteln. Viel wichtiger ist es, dem Baby-Christen zu helfen, in seiner Beziehung zu seinem Herrn zu wachsen. Auch die Änderung von Gewohnheiten und Einstellungen und das Einüben der Grundlagen (Stille Zeit, Gebet, Bekenntnis, Umgang mit Sünde usw.) sind von äußerster Wichtigkeit.

Es wird Dir helfen, folgende Hinweise zu beachten:

1. Bete viel für den Neugläubigen und Eure Nacharbeitsbeziehung. Bitte um Wachstum, Weisheit, Einsicht, das Wirken des Heiligen Geistes und auch um Taktgefühl bei der Behandlung von persönlichen Dingen.
2. Zeige wirkliches Interesse an Deinem frisch bekehrten Freund. Er darf nicht den Eindruck bekommen, dass Du ihn als Projekt betrachtest.
3. Vertiefe die Beziehung, damit der Neubekehrte sieht, dass er Dir vertrauen kann.
4. Sei interessiert! Sei kein Vielredner! Höre mehr zu, als dass Du redest!
5. Stelle viele gute – auch persönliche – Fragen.
6. Bete viel und oft mit Deinem Mentee zusammen. Dadurch zeigst Du, wie man betet.
7. Zeige durch Dein Vorbild Dein eigenes Vertrauen in das Wort Gottes. Mache durch Dein Verhalten deutlich, dass Gottes Wort lebenswichtig und zuverlässig ist.
8. Sei transparent – auch mit Deinen Schwächen. Dein Mentee darf nicht den Eindruck gewinnen, Du wärest ein perfekter Christ. Du bist ihm ein paar Schritte voraus, aber gemeinsam seid Ihr Lernende.

9. Gib Deinem Mentee bei Eurem ersten Treffen das Büchlein *Folge mir nach – Erste Schritte*. Erkläre ihm, warum Du Dich mit ihm treffen willst. Bitte ihn, die Lektion bis zum nächsten Treffen zu Hause vorzubereiten. Am besten zeigst Du ihm anhand der ersten zwei oder drei Fragen der ersten Lektion, wie man die Fragen beantwortet. Es geht nicht darum, den Bibelvers abzuschreiben, sondern darum, die Frage mithilfe des angegebenen Bibeltextes mit eigenen Worten zu beantworten. Dadurch wird der Lerneffekt viel größer!
10. Bestehe darauf, dass dies schriftlich geschehen soll. Nur so ist die Vorbereitung wirklich gründlich und effektiv.
11. Sorge dafür, dass Dein Mentee eine gute Bibelübersetzung benutzt. Bibelübertragungen mögen ihre Berechtigung haben – Dein Mentee sollte sich aber von Anfang an daran gewöhnen, eine wort- und inhaltsgetreue Übersetzung zu benutzen.
12. Versichere Dich, dass auch Du die Lektionen gut vorbereitet und durchdacht hast, bevor Ihr sie gemeinsam durchgeht. Verstehe das Konzept und das Ziel der Lektion und der einzelnen Fragen. Das wird Dir helfen, das Gespräch auf das Ziel hinzulenken.
13. Wichtig ist, dass Du als Mentor die einzelnen Fragen und deren Antworten gut verstehst. Wenn etwas unklar ist, ziehe einen Bibelkommentar zurate oder frage Deine Ältesten.
14. Die Ernsthaftigkeit beim Bearbeiten der Lektionen zu Hause und während Eures Treffen ist ein Zeichen dafür, wie ernst Ihr es mit dem Herrn meint. Das gilt sowohl für den Baby-Christen als auch für Dich, den Mentor! Erkläre ihm diesen Zusammenhang.
15. Zum Teil müssen in den Lektionen auch komplexere Themen angesprochen werden. Diese werden aber in diesem Kurs für Neugläubige bewusst nicht in aller Tiefe ausgelotet. Dafür gibt es später Zeit und Gelegenheit. In diesem Kurs geht es um Baby-Nahrung. Der Kurs versteht sich als ein geistliches »Survival-Kit« für den guten Start.

16. Falls Dein Mentee es nicht geschafft hat, sich vorzubereiten, ermutige ihn, sich für das nächste Mal vorzubereiten! Aber bearbeitet trotzdem die anstehende Lektion. Lege ihm dabei keine Antworten in den Mund!
17. Die Zusatzfragen sind nicht dazu gedacht, um alle besprochen werden! Sie dienen Dir lediglich als Hilfe, das Ziel der Lektion und der einzelnen Fragen zu verstehen und das Gespräch in eine gute Richtung zu lenken.
18. Bedenke: Es geht nicht darum, die theologisch richtigen Antworten aufs Papier zu bringen! Es geht um geistliches Verständnis. Um dieses zu erreichen, sind die Zusatzfragen je nach Bedarf eine wertvolle Hilfe, um das Gespräch in Gang zu bringen und tiefer in den Bibeltext einzutauchen. Du wirst genauso davon profitieren wie Dein Mentee.
19. Manche Zusatzfragen sind nicht eindeutig zu beantworten – sie dienen als Gesprächsgrundlage. Andere Fragen dienen dazu, Dir aufzuzeigen, wo der Neugläubige steht und was sein tatsächliches Verständnis ist.
20. Bedenke immer: Es geht nicht um das Abarbeiten der Lektionen – sondern um ein richtiges biblisches Verständnis und die Anwendung des Gelernten.
21. Stelle immer Rückfragen zur Anwendung. Der Neugläubige soll verstehen: »Gehorsam bringt Segen.« Offener Ungehorsam kann darauf hindeuten, dass das Evangelium nicht richtig verstanden und angenommen worden ist. Dann sollte man nochmals zu Lektion 1 zurückkehren.
22. Nehmt das Auswendiglernen der Bibelverse ernst. Motiviere dazu und sei selbst ein gutes Vorbild.
23. Idealerweise habt Ihr den Kurs nach 13 Wochen beendet. Auf der anderen Seite geht es, wie schon gesagt, nicht um das schnelle Durcharbeiten der Lektionen, sondern um gesundes Wachstum. Du musst also weise abwägen. Auf jeden Fall vermeide aber, dass sich der Kurs zu lange hinzieht.

24. Drogen, übermäßiger Alkoholgenuss, unmoralische Beziehungen und andere zerstörende Einflüsse müssen aufgegeben werden. Motiviere den Junggläubigen, sich dazu zu verpflichten. Um im Bereich der Persönlichkeit zu wachsen, ist hingegen Zeit erforderlich (Geduld, Selbstdisziplin, Abstellen von Charakterschwächen usw.).
25. Rückerstattung und Vergebung sind Bestandteile des neuen Lebens in Christus. Sprich über wichtige Bereiche wie die Rückgabe gestohlener Dinge und das Bekennen von Diebstählen! Erlittenes oder begangenes Unrecht in der Vergangenheit und Gefühle der Bitterkeit müssen unters Kreuz gebracht werden! Können Beziehungen wiederhergestellt werden?
26. Wesentliche Fragen im Familienleben müssen ebenfalls besprochen werden. Sei vorsichtig, dass Du niemanden mit zu vielen Ratschlägen überforderst. Gib dem Heiligen Geist Zeit und Gelegenheit, die nötigen Veränderungen hervorzubringen.
27. Sei Dir bei jedem Treffen bewusst, dass Du den Auftrag des Jüngermachens vom Herrn selbst bekommen hast. Das wird Deinen Blick auf das Ziel stärken und Deiner Hingabe an diesen Dienst Auftrieb geben.
28. Habe bei jedem Treffen im Sinn: Jünger machen Jünger! Dein Mentee ist vom ersten Tag an zur Jüngerschaft berufen. Er lebt in einem Beziehungsnetz von Ungläubigen. Deshalb ist es vom ersten Tag an seine ehrenvolle Aufgabe, ein Zeuge Jesu zu sein. Das Evangelium muss weitere Kreise ziehen. Betet für die Ungläubigen, motiviere ihn und lass Dich von ihm motivieren. Gib ihm eine Last für die Verlorenen.
29. Das Ergebnis der Nacharbeit hängt mehr von dem Neubekehrten als von Dir ab. Es ist entscheidend, ob der Junggläubige willig ist. Er ist vor dem Herrn verantwortlich. Lass die Verantwortung, wo sie hingehört. Versuche Dein Bestes; Du bist aber nicht verantwortlich für das Scheitern – allerdings auch nicht für den Erfolg.

Lektion 1: Wie man Gottes Kind wird

Ziel

1. Das Bekenntnis des Junggläubigen auf seine Echtheit überprüfen.
2. Das richtige Verständnis des Evangeliums ist existenziell für das weitere Wachstum des Jungbekehrten. Versuche, als Mentor sicherzustellen, dass der Neugläubige den Weg der Rettung und das Werk Jesus wirklich versteht.

Ablauf des Treffens

Lernt Euch besser kennen. Arbeite an der Beziehung. Stelle Vertrauen her.

Besprecht nun die Lektion.

Frage 1

Prinzip: Ein hingegebenes religiöses Leben und »Glaube an den lieben Gott« kann den Menschen nicht zu einem Kind Gottes machen. Nur Gott selbst kann dem Menschen neues Leben geben!

Anmerkungen: Hilf dem Neugläubigen, die von Jesus benutzte Illustration in seiner ganzen Tiefe zu verstehen!

Zusatzfragen: Welchen Einfluss hat ein Mensch auf seine Zeugung und auf seine Geburt? Was könnte Jesus gemeint haben, als Er sagte, dass man von Neuem (oder: von oben her [je nach Übersetzung]) geboren werden muss, um in den Himmel zu kommen? Warum ist das so schockierend für religiöse Menschen?

Frage 2

Prinzip: Letztendlich benutzt Gott nur zwei Dinge, die zur Wiedergeburt führen: das Wirken des Heiligen Geistes und das Wort Gottes.

Zusatzfragen:

Zu 1. Petrus 1,23: Welche Wahrheiten will uns das Bild aus der Natur vom »Samen« bezüglich des Wortes Gottes veranschaulichen? Warum wird die Bibel mit unverweslichem Samen verglichen? Was bedeutet es, dass das Wort Gottes lebendig und bleibend ist?

Zu Titus 3,4-5: Welche Seiner Charaktereigenschaften bewegt Gott dazu, sündige Menschen zu erretten? Wodurch werden wir nicht gerettet? Was bewirkt die Wiedergeburt mit einem durch Sünden verunreinigten Sünder? Was macht der Heilige Geist in diesem Prozess?

Frage 3 (Teilfrage 3.1)

Prinzip: Frage 1 und 2 beschäftigen sich mit dem, was Gott tut. Nun geht es darum, wie der Mensch darauf reagieren muss: 1. hören (wenn es ihm verkündigt wird), 2. aufnehmen, 3. darin stehen, 4. an dem Wort festhalten.

Zusatzfragen: Was bedeutet »annehmen«, »darin stehen« und »festhalten«? Umschreibe! Warum ist es wichtig, nicht nur etwas anzunehmen, sondern es festzuhalten, darin zu stehen? Wie sah/sieht das bei Dir aus?

Frage 3 (Teilfrage 3.2)

Prinzip: Hier wird die Grundlage (beachte Vers 3: »zuerst«) des christlichen Glaubens definiert! Nur die Annahme dieser drei Punkte führt zum lebendigen Glauben.

Zusatzfragen: Da der Neugläubige erst im weiteren Verlauf des Kurses lernen wird, was dieses ABC des Glaubens bedeutet, reicht es hier, nur die drei Punkte zu nennen.

Frage 4

Prinzip: Weil alle Menschen Sünder sind, können sie auch nicht die Herrlichkeit Gottes erlangen.

Zusatzfragen: Definiere »alle«! Aber was ist mit besonders »guten« Menschen? Heißt »alle« wirklich alle? Wie sieht es mit Dir aus? Spürst Du, dass Du die Herrlichkeit Gottes nicht erlangen kannst? Was bedeutet »die Herrlichkeit Gottes nicht erlangen«?

Frage 5

Prinzip: Sensibilisieren für die Sündhaftigkeit der Sünde. Nur eine tiefe, persönliche Sündenerkenntnis führt zu einer gründlichen Buße.

Zusatzfragen:

Zu Jesaja 53,6: Was will Jesaja mit »wir alle irrten umher« sagen? Erkennst Du diese Wahrheit in Deinem Leben? Warum werden wir mit Schafen und nicht mit einem anderen, relativ intelligenten Tier verglichen? Warum irren die Schafe umher? Weil sie dem Hirten nicht folgen wollen! Was sind diese eigenen Wege in Deinem Leben (gewesen)?

Zu Matthäus 5,22: Hast Du schon einmal zu jemandem »Narr« oder sogar etwas Schlimmeres gesagt? Was ist die Folge davon?

Zu Matthäus 5,27-30: Hast Du schon einmal erotische Gedanken beim Anblick einer attraktiven Person gehabt, die aber nicht Dein Ehepartner war? Was ist die Folge von solch lüsternen Blicken?

Zu Jakobus 2,10: Reicht es aus, einige Gebote zu halten? (Illustration: Der wegen Steuerhinterziehung Angeklagte kann sich vor Gericht nicht damit rechtfertigen, dass er noch niemanden umgebracht hat!)

Frage 6

Prinzip: Nur wer von den Folgen seiner persönlichen Sündhaftigkeit überführt ist, wird den Herrn anflehen, ihn zu retten. Es muss ein gesunder Schrecken vor der (eigenen) Sünde und ihren Folgen vorhanden sein.

Zusatzfragen:

Zu Römer 6,23: Warum redet Paulus von einem »Lohn der Sünde«? Was heißt Tod – es sterben doch alle!? (Geistlicher Tod – Adams Beziehung zu Gott: Er starb, nachdem er sündigte, obwohl er weiterhin körperliches Leben hatte.) Erkennst Du hier einen Gegensatz (Lohn – Gabe)? Was unterscheidet den Lohn von der Gabe? Weshalb kann der Mensch ewiges Leben bekommen?

Frage 7

Prinzip: Wird die Stellvertretung richtig verstanden?

Zusatzfragen: Von wem redet Petrus? Was meint er, wenn er von dem Holz redet? Wessen Sünden trug Jesus am Kreuz? Warum war Jesus in der Lage, die Sünden anderer zu tragen? (Illustration: Ein Richter zahlt aus Mitleid mit dem hoffnungslos verschuldeten Angeklagten [der niemals seine Strafe zahlen könnte] selbst die Strafe. Wenn der Angeklagte das akzeptiert, so wird er rechtmäßig freigesprochen. Auf diese Weise wird der Gerechtigkeit Genüge getan!) Warum musste Jesus sterben (siehe nochmals Römer 6,23)? Was hat das für Folgen für denjenigen, der das im Glauben annimmt?

Frage 8

Prinzip: Wie kann der stellvertretende Tod Christi in meinem Leben wirksam werden? Das Gnadengeschenk muss im Glauben angenommen werden.

Zusatzfragen: Was ist Gnade? Was ist Glaube? (Benutze eine gute Illustration [z. B. Fallschirmspringen, Kletterseil, Medizin einnehmen usw.]!) Was tat Gott zur Errettung? Wie muss der Mensch darauf reagieren, damit diese Errettung in seinem Leben wirksam wird? Wie kann man nicht errettet werden? Was kommt zuerst – Werke oder Glaube?

Frage 9

Prinzip: Wie beeinflusst unser Gottesbild das Evangelium? Jesus ist der ewige Gott, ohne Anfang und Ende. Seine Offenbarung ist »das Wort«. Gott spricht, ist kommunikativ. Er teilt sich mit, gibt Sein Innerstes preis. Als Gott in 1. Mose das erste Mal spricht, entsteht die Erde, und schon darin erkennen wir viel von Gottes Herrlichkeit, Genialität, Unerklärlichkeit! Wie viel mehr noch, wenn das ewige Wort Mensch wird! Dann müssen wir besonders gut hinschauen!

Zusatzfrage: Was können wir an der Menschwerdung Jesu und Seiner Lebensführung über Gott lernen?

Frage 10

Prinzip: Nur durch Annahme von Jesu Christus, Seinem Werk, Seiner Lehre und Seiner Person kann man ein Kind Gottes werden.

Zusatzfragen: Warum sagt der Text, dass wir Kinder Gottes werden müssen? (Unterscheide: Alle sind Geschöpfe Gottes – aber ein Kind Gottes muss man werden!) Wie kann man ein Kind Gottes werden? Was heißt »aufnehmen«? Was heißt »glauben«? Wie benutzen wir diese Wörter heute? Wie sah das bei Dir aus? Hast Du die Wahrheiten dieses Verses praktiziert? Erzähle!

Frage 11

Prinzip: Buße und rettender Glaube gehen zusammen.

Zusatzfragen:

Zu Sprüche 28,13: Welche Warnung und welche Verheißung enthält der Text? Was sind die beiden Bedingungen, um Barmherzigkeit zu erlangen?

Zu Jesaja 55,7: Was muss der Mensch tun, um Barmherzigkeit von Gott zu erlangen? Ist es schwer, das zu tun? Warum oder warum nicht?

Frage 12

Prinzip: Ewiges Leben ist untrennbar mit Christus verbunden.

Zusatzfragen: Was ist die kürzestmögliche Antwort auf die Frage, wie man errettet wird? Was heißt »den Sohn haben«? Worin findet man das ewige Leben nicht? (in Bildung, Philosophie, Wissenschaft, guten Werken, Religion …). Kannst Du Dir sicher sein, das Leben zu haben? Erkläre!

Aufgaben

1. Verdeutliche die Notwendigkeit, mit sündigen Praktiken zu brechen. Gib konkrete Hinweise, welche Gewohnheiten, Gedanken und Haltungen dem Herrn schmerzlich sind, und bemühe Dich, das Gespräch nicht in Allgemeinheiten zu belassen, sondern spezielle Problembereiche zu berühren.

2. Lernt am Ende Römer 10,9 zusammen auswendig.
3. Ermutige den Mentee, bis zum nächsten Treffen die folgenden Dinge zu tun:
   - Bekenne Christus einem Menschen, am besten einem Nichtchristen.
   - Beginne damit, täglich in der Bibel zu lesen (jeden Tag ein Kapitel aus dem Johannesevangelium). Zeige ihm, wie er lesen kann, was hilfreich ist, welche Methoden es gibt. (Bedenke: Das ist ein langfristiges Projekt – aber es beginnt mit dem ersten Schritt. Bleibe dran. Ermutige ihn, bei jedem Treffen mitzuteilen, was er gelesen hat – und erzähle, was der Herr Dich durch Sein Wort lehrt und wie Er Dich führt.)
   - Bete täglich.
   - Bleibt in Kontakt – hört Euch über Nachrichten und Telefon. Hört Euch vor allem in Nöten oder Situationen, wo man Rat, Hilfe oder Gebetsunterstützung braucht.

Lektion 2: Gewissheit der Gotteskindschaft

Ziel

Es geht um den Sachverhalt, dass wir wissen können, wir können unser Heil nicht verlieren. Er beruht auf einem gründlichen Verständnis des Evangeliums und unserer Annahme des vollbrachten Werkes Jesu am Kreuz, auf Seiner Auferstehung und der Tatsache, dass Er jetzt in uns wohnt (Johannes 1,12). Er basiert nicht auf der Tatsache, dass wir gebetet und Gott um Vergebung gebeten haben. Stelle all dies so klar wie möglich heraus.

Ablauf des Treffens

Rückschau und Wiederholung

1. Was ist seit dem letzten Treffen im Leben Deines Mentees geschehen? Redet über Schönes – aber auch über Schwierigkeiten, die vorgefallen sind. Betet miteinander darüber.
2. Tauscht Euch über die Stille Zeit aus.
3. Bibelvers abfragen (von dieser und der letzten Woche).
4. Beim letzten Mal wurde die Aufgabe gestellt, in der Zwischenzeit mindestens einer Person den Herrn zu bekennen. Erkundige Dich nach seinen Erfahrungen damit und stelle folgende Frage: »Wenn Dich derjenige danach gefragt hätte, wie er Christ werden könnte, was hättest Du geantwortet?« Bedenke, dass Vorsicht geboten ist, sobald der Jungglӓubige sein Zeugnis auf Gefühle gründet. Setze alles daran, dass er das Evangelium wirklich versteht, dass er Sündenerkenntnis hat und den Weg der Errettung verstanden hat. Falls in einem dieser Bereiche noch Unklarheiten bestehen sollten, müssen diese

zunächst beseitigt werden, bevor das Thema Heilsgewissheit angesprochen wird.

Besprecht nun die Lektion.

Frage 1

Prinzip: Errettet zu werden, heißt, eine neue Identität zu bekommen, in Gottes Familie nicht als Gast, sondern als neues Familienmitglied aufgenommen zu werden.

Zusatzfragen: Warum wird Gott hier als Vater bezeichnet? Warum beginnt der Vers mit »Seht«? (Heute würden wir sagen: »Schaut genau hin!«) Warum sollen wir Kinder Gottes heißen – und nicht einfach »Gottes Begnadigte«? Warum wählte Gott die Illustration einer Familie, um uns unsere neue Stellung zu erklären?

Frage 2

Prinzip: Durch Glauben an Jesus erleben wir eine neue Geburt und werden so Teil der Familie Gottes! Das reicht weiter als Adoption – wir sind »Blutsverwandte«!

Zusatzfragen: Siehe Lektion 1, Frage 10

Nenne drei Bedingungen, um die Verheißung zu erhalten! Welches ist die Verheißung? Wie wird man nicht ein Kind Gottes?

Frage 3

Prinzip: Jesus persönlich garantiert uns die Sicherheit des Heils.

Zusatzfragen: Warum beginnt der Vers mit »Wahrlich, wahrlich«? (»Passt auf – jetzt kommt etwas besonders Wichtiges!«)

a) Was will Jesus betonen, wenn Er sagt, dass das Leben, das Er gibt, ewiges Leben ist? Warum steht das Verb in der Gegenwartsform und nicht in der Zukunftsform?

b) Warum wird Gott den Menschen richten? (Hier ist die Rede vom Gericht über die Sünde.)

c) Vom welchem Tod spricht Jesus? (Siehe Lektion 1, Frage 6.)

d) Erkläre den Unterschied zwischen »hören« und »die Schallwellen wahrnehmen«! Was bedeutet »glauben«? Dem jungen Christen mag es zu einfach vorkommen – aber betone, dass dies tatsächlich alles ist, was der Mensch tun muss!

Frage 4

Prinzip: Jesus benutzt hier eine andere Illustration – Er stellt sich als der gute Hirte vor, die Gläubigen sind Seine Schafe. So wie ein Hirte für die Schafe sorgt, so bewahrt Er die Gläubigen auf ewig.

Anmerkungen: Redet über das Bild des Hirten, der Schafe, der Herde usw. Sprecht auch über das Wesen eines Schafs, das ohne Hirten vollkommen verloren ist.

Zusatzfragen:

a) Ist es eine Last oder ein Privileg für das Schaf, die Stimme seines Hirten zu kennen und zu hören und Ihm zu gehorchen? Können alle Schafe Seine Stimme hören? (Nur »meine Schafe« hören sie.) Was mag es wohl heißen, dass Er Seine Schafe kennt – ist Gott nicht allwissend? (In der biblischen Sprache meint »kennen« mehr als in unserer Sprache – es bedeutet, etwas durch persönliche Erfahrung kennenzulernen und es dann schließlich, wenn es einem vertraut ist, zu erfahren. Deshalb ist dies auch eine jüdische Redewendung für den sexuellen Verkehr zwischen Mann und Frau.) Was könnte »folgen mir« bedeuten? Wird dadurch nicht die persönliche Freiheit eingegrenzt?

a) Wie lange dauert ewiges Leben? Beachte die Zeitform des Verbes – »ich gebe«, nicht: »ich werde geben«. Wann beginnt ewiges Leben?

b) Wann ist der erste Tag der Ewigkeit? (Heute, jetzt – ab der Wiedergeburt bis in alle Ewigkeit sind wir sicher!)
c) Was denkst Du, warum Jesus betont, dass nicht nur Er, sondern auch der Vater bewahrt? Warum fügt Jesus die Erklärung hinzu, dass der Vater größer ist als alles?

Frage 5

Prinzip: Ohne Blutvergießen gibt es keine Vergebung.

Zusatzfragen: Hier kannst Du eventuell die Gelegenheit nutzen und dem Jungglӓubigen den Unterschied zwischen den alttestamentlichen Opfern und dem Opfer Jesu Christi verdeutlichen. Adam und Eva waren die Ersten, die lernen mussten, dass ein unschuldiges Opfertier für sie sterben musste (1. Mose 3,21). Aber dieses und alle folgenden Opfer des AT konnten den Sünder vor Gott nicht gerecht machen – weil das Opfer niemals heilig genug war. Das geschah erst durch das vollkommen heilige Opfer Jesu Christi. (Siehe Frage 6.)

Frage 6

Prinzip: Jesus Christus gab sich selbst als das vollkommene Opferlamm.

Zusatzfragen: Warum ist es wichtig für Petrus, dass der Leser die folgenden Tatsachen weiß und nicht fühlt oder vermutet? Was ist der Dir von Deinen Vätern überlieferte »eitle Wandel«? Was hast Du geglaubt, durch welche Dinge (egal, wie wertvoll sie auch waren – Silber und Gold) Du Erlösung bekommen kannst? (Nutze diese Gelegenheit, um es persönlich zu machen! Was war das konkret? Wie hast Du Dich davon befreit? Könnte es sein, dass noch immer Überreste alter Traditionen bei Dir vorhanden sind? Welche? Wie geht man damit am besten um?)

Eventuell kannst Du kurz die Geschichte vom Passahlamm erzählen. Schlüsselvers: 2. Mose 12,23. Die Erfüllung dieses Vorbildes sehen wir in Jesus: Johannes 1,29.

Frage 7

Prinzip: Wer den Sohn hat, hat ewiges Leben.

Zusatzfragen: Beachte die Zeitform der Verbs »haben« in Vers 11! (»gegeben hat« = Aorist. Der Aorist beschreibt eine Handlung, die in der Vergangenheit begonnen und auch abgeschlossen worden ist.) Beachte die Zeitform des Verbes in Vers 13! (Da steht nicht »haben werdet«, sondern »habt« [Gegenwartsform]!) Womit ist dieses ewige Leben untrennbar verbunden? Was sollen wir in Vers 13 wissen (nicht fühlen, hoffen, denken)? Unter welcher Voraussetzung kann man wissen? Warum ist es wichtig zu wissen, dass man errettet ist? Was denkst Du – gibt es noch andere Voraussetzungen, die erfüllt sein müssen? Vorsicht – das ist eine »Trickfrage«! Ziel dabei ist immer wieder zu verdeutlichen: Der Glaube allein rettet, nicht Glaube plus Werke, Sakramente usw. Mache deutlich: Sobald man an Glaube plus gute Werke, Sakramente usw. seine Errettung festmacht, ist dieser Glaube nicht mehr biblischer Glaube und führt somit nicht zur Errettung, sondern zu einer ständigen Angst, ob man gut genug ist.

Frage 8

Prinzip: Die Sicherheit des Heils ist absolut – sie muss nur persönlich angenommen werden.

Zusatzfragen:

Zu Johannes 6,39-40: Wäre es vorstellbar, dass der Herr versagt und außerstande ist, den Willen Gottes auszuführen? Was ist der Wille des Vaters für Jesus Christus? Zähle alle Verheißungen dieser

Verse auf! Was muss getan werden, damit Jesus diese Verheißungen erfüllen wird? (Anmerkung: »Sehen« kann hier wie »erkennen« ausgelegt werden – siehe Lektion 2, Frage 4a.)

Zu Römer 8,35-39: Hast Du eine Idee, womit man diese Aufzählung noch vervollständigen könnte?

Aufgaben

1. Erinnere den Junggläubigen nochmals daran, mit Dir während der Woche in Kontakt zu bleiben. Ergreife dazu auch selbst die Initiative und rufe ihn einige Tage später an, um Eure Freundschaft zu fördern und ihm geistlich beizustehen.
2. Ermutige ihn, weiterhin regelmäßig seine Stille Zeit zu machen.
3. Ermutige zum Zeugnisgeben.
4. Lernt gemeinsam den Bibelvers auswendig.

Lektion 3: Den Herrn Jesus Christus öffentlich bekennen

Ziel

1. Die Taufe ist ein öffentliches Bekenntnis, das dem rettenden Glauben zeitnah folgt und symbolisiert, dass Jesus Christus der persönliche Herr und Heiland ist.
2. Darüber hinaus ist die Taufe eine Gegenstandsillustration für den Täufling, um ihn daran zu erinnern, dass er mit Jesus gestorben und auferstanden ist, sodass er ein »getauftes Leben« führen kann.
3. Das letztendliche Ziel der Lektion für den Baby-Christen: »Lass dich taufen!«

Ablauf des Treffens

Rückschau und Wiederholung

1. Was ist seit dem letzten Treffen geschehen? Was hat sich auf dem Gebiet der Evangelisation getan?
2. Geht gemeinsam die Verheißungen und die Fragen durch, die beim täglichen Bibellesen aufgetreten sind.
3. Bibelverse abfragen (von dieser Woche und den letzten Wochen).

Bearbeitet nun die Lektion. Siehe dazu im Anhang »Grundsätzliches zur Taufe« auf Seite 91 – 94.

Frage 1

Prinzip: Taufe ist keine Option, sondern der »Letzte Wille des Herrn« in diesem Evangelium.

Anmerkung: Eigentlich ist es nur ein einziger Auftrag, der da lautet: »Macht zu Jüngern!« Dieser Auftrag beinhaltet mehrere Aufgaben.

Zusatzfragen:

a) »Geht hin«: Warum sagt Jesus nicht: »Wenn die Leute zu euch kommen, dann ...« (aktives Ausstrecken!). Nutze die Gelegenheit, den Junggläubigen zu ermutigen, weiterhin in seinem Umfeld Zeugnis zu geben. Gläubig zu sein, heißt, ein Jünger zu sein, und Jünger zu sein, beinhaltet den Auftrag: Mach andere zu Jüngern!

b) »... macht zu Jüngern«: Was denkst Du, warum Jesus nicht gesagt hat: »... macht zu Gläubigen«? (Jesus wollte eine Lawine durch Seine Jünger lostreten, die sich bis zu Seinem Wiederkommen über die ganze Erde ausweitet, damit alle Menschen von der Liebe Gottes erfahren können!)

c) »... tauft sie« (eigentlich: »... sie taufend – als Teil des Auftrags, zu Jüngern zu machen): Kann man ein Jünger Jesu sein und nicht getauft sein? Erkläre! Könnte es nicht mehr Gläubige geben, wenn die Taufe nur eine zusätzliche Option wäre?

d) »... lehrt sie«: Was beinhaltet dieser Lehrauftrag? Beachte: Auch dieser Auftrag des Jüngermachens ist ein Teil Seiner Lehre!

Frage 2

Prinzip: Buße und das Bekennen des Glaubens durch die Taufe ist untrennbar mit dem rettenden Glauben verbunden.

Anmerkung: Die Apostelgeschichte ist ein beschreibendes und kein vorschreibendes Buch. Es erklärt, wie das Evangelium sich ausbreitete. Dabei ist die Reihenfolge der Ereignisse manchmal unterschiedlich (siehe z. B. Apostelgeschichte 10,44-48). Hier bei den Juden war die Reihenfolge folgende: Buße, Taufe zur Vergebung der Sünden, Heiliger Geist. Später bei den Nationen änderte sich die Reihenfolge: Glaube, Buße, Empfang des Heiligen Geistes, Taufe. Der springende Punkt bei dieser Frage: Egal, ob es sich um Juden, Samariter oder Heiden handelte – für alle war die Buße ein existenzieller Schritt.

Zusatzfragen: Wie kam es dazu, dass die Zuhörer eine solche Frage stellten? Wie würdest Du diese Frage beantworten? Wie sah Buße für die damalige Zuhörerschaft aus? Warum reichte es nicht, diese Buße »unsichtbar im Herzen« zu tun? Wieso mussten sie sich zusätzlich noch taufen lassen? Was bedeutete dieser Schritt für die Juden dieser Zeit, die noch vor Kurzen geschrien hatten: »Kreuzige ihn«? Warum forderte Petrus dieses gefährliche Bekenntnis? Hätten sich nicht vielleicht mehr Menschen bekehrt, wenn er nicht so hohe Bedingungen gestellt hätte?

Frage 3

Prinzip: Durch den Glauben gerettet zu sein, ist die einzige Voraussetzung für die Taufe. (Das Evangelium ist inzwischen zu den Heiden übergegangen. Du siehst jetzt eine andere Reihenfolge als zu Anfang bei den Juden!)

Zusatzfragen: Was tat der Kerkermeister (Gefängnisaufseher) alles mit seinen ehemaligen Gefangenen? Was können wir durch diese ausführliche Beschreibung über rettenden Glauben lernen? (Antwort: Er zeigt sich in Taten – es ist nicht ein intellektueller Glaube, sondern ein Glaube, der durch Taten zum Ausdruck kommt, u. a. eben auch durch die Taufe.)

Frage 4

Prinzip: Weitere Heidenbekehrungen zeigen: Menschen, die eine bewusste Glaubensentscheidung getroffen haben und Jesus Christus als ihren Herrn persönlich angenommen haben, werden errettet und lassen sich taufen. Aus diesem Grund kennt das NT auch keine einzige Kindertaufe.

Zusatzfragen: Um was für Menschen handelt es sich in den beiden Versen? (Um Männer und Frauen – nicht Kinder!) Was ging der Taufe jeweils voraus? Sie hörten und glaubten!

Frage 5

Prinzip: Die Taufe geschieht durch Untertauchen. (Das griechische Wort, das für »Taufe« gebraucht wird, wurde für das Färben von Stoffen benutzt. Taufen heißt also untertauchen – was auch die Symbolik der Taufe unterstreicht. Siehe Frage 8.)

Zusatzfragen: Rede auch über den Zeugnischarakter – hier lässt sich ein Finanzminister vor seinen ganzen Knechten und der Reisegesellschaft taufen. Wie wird das wohl auf diese gewirkt haben? Hast Du eine Idee, warum Philippus ihn nicht nur besprengte? Warum das Untertauchen? Das leitet zu Frage 8 über.

Frage 6

Prinzip: Die Taufe ist auch eine Anschauungslektion, dass der Gläubige sich 1) mit dem Tod Jesu und 2) mit Seiner Grablegung identifiziert, um dann auch 3) mit Jesus aufzuerstehen, damit er ein neues Leben führen kann.

Zusatzfragen: Wenn die Taufe Deine Identifikation mit Jesus symbolisiert, was könnte dann das Untertauchen unter das Wasser illustrieren? (Sein Sterben am Kreuz; Sein Gericht für meine Sünden; ich akzeptiere mein Todesurteil wegen meiner Sünden.)

Was symbolisiert der kurze Moment unter Wasser? (Grablegung)

Was symbolisiert Seine Auferstehung? (Der Tod hat keine Macht mehr über mich; ich bin jetzt frei, ein neues Leben zu führen; die Vergangenheit liegt jetzt hinter mir.)

Frage 7

Prinzip: Echter Glaube geht mit dem Bekenntnis des Herrn Jesus als persönlichen Retter und Heiland einher.

Anmerkungen: Beachte den Kontext! In Lukas 12,1 zeigt der Herr, dass Er an echtem Glauben und nicht an einem oberflächlichen Scheinbekenntnis interessiert ist. Ab Vers 4 ruft Er Seine Jünger zum furchtlosen Bekenntnis auf – aber tröstet sie auch.

Zusatzfragen: Was heißt es, Jesus vor den Menschen zu bekennen? Als was oder wen zu bekennen – nur Seine Existenz? Oder dass Er der Retter ist? Oder dass Er mein persönlicher Retter ist – und deshalb auch der Herr? Was ist leichter zu bekennen: Jesus als Retter oder Jesus als Retter und Herrn? Warum? Wie kann man Jesus verleugnen? Warum sollte jemand Jesus verleugnen wollen? Was denkst Du, warum für Jesus das Bekenntnis zu Ihm so wichtig ist? Welchen Eindruck machen diese Worte auf Dich?

Frage 8

Prinzip: Jesus nimmt das Bekenntnis des Gläubigen sehr ernst – letztendlich ist es eine Frage von Leben und Tod.

Anmerkungen: »Der Herr bezieht sich nicht auf eine zeitweilige Verleugnung seiner Person unter Druck, wie im Falle des Petrus, sondern auf die Art der Verleugnung, die sich endgültig in einer Gewohnheit ausdrückt.«[2]

Zusatzfragen: Wie könnten wir als sündige Menschen jemals vor Gott bestehen, ohne dass der Herr Jesus als unser persönlicher Retter für uns spricht? Was bedeutet es, wenn Christus dort dem »U-Boot-Christen« sagen muss: »Ich habe dich niemals gekannt«? Was denkst Du, warum Jesus das Bekennen so wichtig ist? Ist das Bekennen ein Werk, durch das wir errettet werden? Illustration: Ist man verheiratet, weil man einen goldenen Ehering trägt – oder trägt man einen goldenen Ehering, weil man verheiratet ist? Was würde der Standesbeamte sagen, wenn ein Ehepartner sich nach dem Ja-Wort weigern würde, den Ring zu tragen?

Werde persönlich, indem Du den Mentee fragst: Was bedeuten diese Überlegungen für Dein Leben? Was hindert Dich daran, Dich taufen zu lassen? Ermutige den Neugläubigen, eine Liste all der Menschen anzufertigen, die er zu seiner Taufe einladen könnte. Dies kann ein gewaltiges Zeugnis für die ungläubigen Freunde und Verwandten sein. Es ist sehr wichtig, deutlich zu machen, dass es sich hier nicht um eine Frage des persönlichen Ermessens handelt. Vielmehr ist es ein Gehorsamsschritt – ein äußeres Zeichen für die innere Hingabe an den Herrn Jesus Christus. Er wünscht es so!

Aufgaben

1. Stelle sicher, dass die Überreste des alten Lebensstils, die manchmal als »Grabkleider« bezeichnet werden, zurückgelassen werden.
2. Ermutige dazu, das Johannesevangelium weiterzulesen und dabei Verheißungen und auftauchende Fragen schriftlich festzuhalten. (Bitte ihn, diese zum nächsten Treffen mitzubringen.)

---

2 William MacDonald, *Kommentar zum Neuen Testament*, Bielefeld: CLV, 8. Auflage 2021, S. 71.

3. Ermutige Deinen Mentee, mit der Vorbereitung der folgenden Lektion frühzeitig zu beginnen! Das Aufschreiben des persönlichen Zeugnisses erfordert fast immer mehr Kraft und Zeit, als man denkt.
4. Vereinbart einen neuen Termin für Euer nächstes Treffen.
5. Bleibt während der Woche in Verbindung. Unternehmt etwas Schönes zusammen!
6. Lernt gemeinsam den Bibelvers auswendig.

Lektion 4: Das persönliche Zeugnis

Ziel

1. Der Junggläubige soll verstehen, dass Gott das persönliche Zeugnis als ein mächtiges Werkzeug benutzen will, damit andere den Weg zum ewigen Leben finden können.
2. Dein Mentee soll lernen, ein gutes persönliches Zeugnis zu erstellen und zu erzählen.
3. Die Lektion will Freude wecken, das persönliche Zeugnis weiterzugeben.

Ablauf des Treffens

Rückschau und Wiederholung

1. Was ist seit dem letzten Treffen geschehen?
2. Geht gemeinsam die Verheißungen und die Fragen durch, die beim täglichen Bibellesen aufgetreten sind.
3. Bibelverse abfragen (von dieser Woche und den letzten Wochen).
4. Was hat sich auf dem Gebiet der Evangelisation getan?

Bearbeitung der Lektion

Ein effektives und gutes Zeugnis zu geben, ist eine herausfordernde Aufgabe und erfordert viel geistliche Mühe und Arbeit! Lass Dir zunächst das vorbereitete Zeugnis erzählen. Geht es dann gemeinsam Schritt für Schritt durch und überlegt, was gut war und was man verbessern sollte. Dabei können Dir als Mentor die folgenden Punkte helfen:

1. Steht der Herr im Mittelpunkt? Erzähle, was Er getan hat!
2. Wie wird die Bibel gebraucht? Das Zeugnis sollte einen Schlüsselvers enthalten, der für die Bekehrung wichtig war. Vermeide aber viele Schriftstellen – das wirkt für Ungläubige oft verwirrend.
3. Ist es persönlich? Vorsicht: Das Zeugnis ist keine Minipredigt. Es ist ein Tatsachenbericht. Deshalb sollen die Wörter »ich« und »mein« immer wieder erscheinen.
4. Vermeide religiöse Wörter und Redewendungen! »Buße«, »Bekehrung« und selbst »Rettung« sind für den ungläubigen Hörer in der Regel anders belegt und müssen deshalb erklärt oder besser noch mit anderen Wörtern umschrieben werden.
5. Werden in dem Zeugnis Punkte erwähnt, mit denen sich der Zuhörer identifizieren kann? Gebrauche interessante Einzelheiten – sie machen das Zeugnis spannend. Male ein lebendiges Bild und vermeide Allgemeinplätze.
6. Sprich mehr von Tatsachen als von Gefühlen.
7. Sei liebevoll in dem, was Du sagst – nicht bitter oder hart gegen andere Gruppen. Sei bescheiden, nicht arrogant.

Aufgaben

1. Ermutige Deinen Mentee, in der kommenden Woche das Zeugnis nochmals in einer verbesserten Fünf-Minuten-Version aufzuschreiben.
2. Ermutige ihn, in dieser Woche mindestens einer Person Zeugnis zu geben.

3. Bleibt während der Woche in Kontakt.
4. Bereite für Deinem Mentee bis zum nächsten Treffen ein schönes »Stille-Zeit-Heft« vor. Besonders geeignet ist ein etwas festeres DIN-A5-Heft. (Tipp: Je edler und hochwertiger dieses Heft ist, umso mehr zeigst Du, wie wertvoll die Stille Zeit ist!)
5. Lege ein von Dir vorbereitetes Lesezeichen in das Heft. Du kannst Dir hier (clv.de/lesezeichen-pdf) eine fertige PDF-Vorlage dafür herunterladen oder es selbst gestalten. Das Lesezeichen sollte folgende Punkte enthalten: 1) Was lerne ich aus dem Text über Gott?; 2) Was lerne ich über den Menschen?; 3) Was bedeutet das für mein Leben?; 4) Wie werde ich das heute in die Tat umsetzen?
   Das Nachdenken über diese Fragen wird dem Baby-Christen helfen, gewinnbringend die Bibel zu lesen.

6. Für das Gebet fertige eine Gebetsliste am Ende des Heftes an, die folgende Spalten enthält: Datum, Gebetsanliegen, Erhörung.

Lektion 5: Tägliche Gemeinschaft mit dem Vater 1 (Bibellesen)

Ziel

Die Wichtigkeit der »Stillen Zeit« aufzeigen. Unter »Stiller Zeit« verstehen wir eine Zeit der Gemeinschaft mit dem Herrn durch Gebet und Gottes Wort.

Um dieses Ziel zu erreichen, werden praktische Anleitungen und Hilfestellungen zum Beginnen und Durchhalten gegeben.

Ablauf des Treffens

Rückschau und Wiederholung

1. Was ist seit dem letzten Treffen im Leben des Neugläubigen geschehen?
2. Geht gemeinsam die Verheißungen und die Fragen durch, die ihm beim täglichen Lesen des Johannesevangeliums begegnet sind.
3. Abfragen der gelernten Lernverse.
4. Austausch über die evangelistischen Bemühungen bei Dir und ihm.

Arbeitet nun die Lektion durch.

Frage 1

Prinzip: Für die Stille Zeit ist der frühe Morgen besonders geeignet.

Zusatzfragen: Woher kommt die Weisheit, den Müden durch ein Wort aufzurichten? Wann wird er belehrt? Wie oft? Mit welcher Einstellung hört er? Was ist der Unterschied zwischen »hören« und »belehrt werden«?

Frage 2

Prinzip: Für die Stille Zeit ist ein Ort der ungestörten Ruhe vonnöten.

Zusatzfragen: Warum ging der Herr frühmorgens zum Gebet? Was ist der Vorteil des frühen Morgens? (Siehe Vers 36 – schon bald wurde Er gestört!) Warum ging Er an einen öden Ort? Was ist der Vorteil eines öden Ortes für die Zeit der Ruhe mit Gott? Siehe auch Vers 32-34: Den ganzen Tag hatte Jesus gearbeitet und geheilt. Abends ging der Dienst weiter – und trotzdem schlief Er morgens nicht aus. Warum?

Frage 3

Prinzip: Beginne die Stille Zeit mit der Bitte um geistliche Aufnahmefähigkeit.

Zusatzfragen: Warum erscheint die Bibel vielen Leuten so langweilig? Welche Einstellung setzt ein solches Gebet voraus?

 **Frage 4**

Prinzip: Das Ziel der Stillen Zeit darf niemals nur Anhäufung von Wissen sein – vielmehr geht es um die unbedingte Bereitschaft zum Gehorsam.

Zusatzfragen:

Zu Psalm 119,34: Welcher Zusammenhang besteht zwischen Einsicht und dem Entschluss zum Gehorsam? Was bedeutet »von ganzem Herzen halten«?

Zu Johannes 13,17: Was zählt in Gottes Reich – IQ oder GQ (Gehorsamsquotient)? Welche Verheißung gibt der Herr?

 **Frage 5**

Prinzip: Das Lesen der Schrift in Hingabe, Demut und Gehorsam wird nachhaltig das Leben umgestalten.

Zusatzfragen:

Zu Psalm 119,11: Wie kann man das Wort Gottes im Herzen verwahren? Was heißt »verwahren«? Ist »verwahren« dasselbe wie »lesen«? Rede über die Wichtigkeit, Bibelverse auswendig zu lernen!

Zu Psalm 119,50: Was ist die natürliche Reaktion, wenn man missgestimmt ist? Was sollen wir stattdessen tun?

Zu Psalm 119,105: Was könnte der Pfad symbolisieren? Warum ist Licht auf dem Pfad nötig? Was sind Dinge, die uns zum Stolpern bringen können? Wenn Licht benötigt wird, setzt das Dunkelheit voraus. Warum betont der Schreiber »[Licht für] *meinen* Fuß«, »für *meinen* Pfad«? Was hilft eine Taschenlampe in der Dunkelheit, wenn man sie nicht benutzt? Lies die Bibel!

Frage 6

Prinzip: Ähnlich wie in Frage 4 und 5! Wer sich unter das Wort stellt, wird von ihm zurechtgebracht und in seiner praktischen Heiligung wachsen.

Zusatzfragen: Erkläre mit eigenen Worten, wozu die Schrift nützlich ist. Welche Voraussetzungen müssen bei dem Leser gegeben sein, damit die Schrift ihre gewünschte Wirkung entfalten kann? (Der Leser muss sich demütig unter das Wort stellen, er muss lernwillig sein!) Beschreibe mit eigenen Worten die Auswirkungen der Schrift bei einem Menschen, der sich durch das Wort belehren, unterweisen und zurechtweisen lässt! Kennst Du solch einen Menschen?

Frage 7

Prinzip: Der beständige Umgang mit der Schrift führt zu einem erfolgreichen, d. h. gesegneten Leben.

Zusatzfragen: Welche drei Befehle kannst Du in diesem Vers finden? Wie kannst Du diese Dinge in Deinem persönlichen Leben anwenden? Was wird die Folge davon sein? Was denkst Du: Ist es in der heutigen Zeit überhaupt noch möglich, diese drei Dinge zu tun? (Bedenke: Josua war ein überaus beschäftigter Mann – er musste ein Millionenvolk in das verheißene Land führen.)

Aufgaben

1. Schenke Deinem Mentee das »Stille-Zeit-Heft« (zusammen mit dem Lesezeichen), das Du für ihn vorbereitet hast (siehe Lektion 4 – Aufgaben). Besprecht sorgfältig, wie er dieses Büchlein benutzen kann. Bitte ihn, es von nun an täglich zu benutzen und zu den Treffen mitzubringen.
2. Bedenke: Gewohnheiten lernt man nicht über Nacht. Um zu einer stabilen Stillen Zeit zu kommen, braucht es mindestens Wochen und Monate! Deshalb bleib dran, ermutige und hilf. Macht zusammen Stille Zeit. Leite ihn in der Andacht über einen kurzen Abschnitt und tragt alle Erkenntnisse in das Heft ein. Suche immer wieder Gelegenheiten, um mit Deinem Mentee gemeinsam Stille Zeit zu machen. Falls es organisatorisch schwierig ist, könnt Ihr es auch online machen. Am besten immer zur gleichen Zeit in der Frühe. Hilf ihm, hier gute Gewohnheiten zu entwickeln. Das wird entscheidend für den Rest seines Lebens in der Jüngerschaft sein!
3. Lest jeder für sich – Du als Mentor und Dein Mentee – fortlaufend einen Bibeltext mit dem Lesezeichen und einem Stille-Zeit-Heft. Tauscht Euch dann am Ende von einer Woche oder nach zwei Wochen gründlich darüber aus. Was habt Ihr jeweils entdeckt, wo sind noch Fragen offengeblieben?
4. Da vor allem die Texte des Neuen Testamentes in der Regel sehr komplex sind, erkläre dem Neugläubigen, dass es nicht darauf ankommt, möglichst viel zu lesen, sondern das Gelesene zu verstehen und anzuwenden. Deshalb sollte nicht mehr als ein Sinnabschnitt gelesen werden. Es ist gut, mindestens 15 Minuten im Wort und fünf Minuten im Gebet zu verbringen.
5. Bleibt während der Woche in Kontakt.
6. Ermutige ihn, weiterhin Licht und Salz im Leben seiner ungläubigen Freunde zu sein.

Lektion 6: Tägliche Gemeinschaft mit dem Vater 2 (Gebet)

Ziele

1. Die Wichtigkeit eines treuen, wirksamen Gebetslebens vermitteln.
2. Die Bedingungen für und Hinderungsgründe gegen wirksames Gebet aus der Schrift aufzeigen.
3. Gebetsanliegen ordnen, sodass der Junggläubige strukturiert und zuversichtlich beten lernt.

Ablauf des Treffens

Rückschau und Wiederholung

1. Was ist seit dem letzten Treffen geschehen? Welche Neuigkeiten gibt es bezüglich des Evangeliums bei ungläubigen Freunden und der Familie? Erzähle bei dieser Gelegenheit auch aus Deinem Leben.
2. Geht gemeinsam die Verheißungen und die Fragen durch, die ihm beim täglichen Bibellesen begegnet sind. Betet gemeinsam für die besprochenen Dinge.
3. Verse abfragen.

Besprecht nun die Lektion »Tägliche Gemeinschaft mit dem Vater 2 (Gebet)«.

Frage 1

Prinzip: Das Gebet ist der zweite wesentliche Teil der Stillen Zeit. Auch dabei müssen wir Lernende sein. Jesu ist der beste Lehrmeister.

Zusatzfragen: Was denkst Du, warum die Jünger mit dieser Frage zu dem Herrn kamen? Welche Herzenseinstellung und Bedürfnisse mussten sie haben, um überhaupt so eine Frage zu formulieren? Auf einer Skala von 1 bis 10: Wie zufrieden bist Du mit Deinem Gebetsleben? Erkläre! Was kannst Du aus diesem Vers lernen, um in Deinem eigenen Gebetsleben Fortschritte zu erzielen?

Frage 2

Prinzip: Die Schrift verspricht uns, dass Beten viel bewegt.

Zusatzfragen: Wodurch wird das Gebet zu einem inbrünstigen (ernstlichen) Gebet? Wie kann man dazu kommen, inbrünstig zu beten? Für wen gilt diese Verheißung? Bist Du ein Gerechter? (Vorsicht – das ist eine »Trickfrage«! Jeder Wiedergeborener ist ein Gerechter [bzw. ein Gerechtfertigter]! Hilf dem Neugläubigen, sich diese Wahrheit immer wieder zu vergegenwärtigen!)

Frage 3

Prinzip: Gott will segnen und wirken – aber Er will gebeten sein!

Zusatzfragen: Was denkst Du, warum der Herr drei Verheißungen zum gleichen Thema gleich zweimal wiederholt? Was bedeutet diese Verheißung für Dich?

 **Frage 4**

Prinzip: Erhörliches Gebet ist an Bedingungen geknüpft.

Zusatzfragen:

Zu Johannes 14,14 (»um etwas bitten«): Was umfasst dieses »etwas«? Zähle 10 Dinge auf, für die Du bitten kannst. Wie verstehst Du den Ausdruck »in meinem Namen«? (Anmerkung für den Mentor: Hier musst Du wahrscheinlich erklären! Du kannst die Illustration eines vom König Gesandten benutzen, der »im Namen des Königs« etwas sagt. D.h., dass Jesu Worte den Willen und den Geist des Vaters widerspiegeln und in völliger Übereinstimmung zu dem sind, was des Königs ist. »Im Namen Jesu etwas erbitten« heißt also, dem Vater Bitten vorzutragen, die in völliger Übereinstimmung mit dem Willen des Sohnes sind.) Was ist die Voraussetzung, um so beten zu können? Wie kannst Du den Willen Jesu und Seine Gebetsanliegen kennenlernen, um dann in Seinem Namen beten zu können? Welche Verheißung gibt der Herr?

Zu Matthäus 21,22 und Jakobus 1,6-7: Wie kann man lernen, glaubend zu bitten? Glauben an was, an wen? Glauben an den Glauben? Wie kann man dazu kommen, nicht einer Meereswoge zu gleichen?

Zu Psalm 66,18 (Frevel = Böses): Ist es überhaupt möglich, um etwas Böses zu bitten? Erkläre! Wozu fordert dieser Vers uns also indirekt auf, um erhörlich zu beten? (S. a. Psalm 139,23-24.)

Zu 1. Johannes 5,14: Wie kannst Du wissen, ob eine Bitte nach Seinem Willen ist? (Anmerkung: Mache immer wieder klar, dass ein Jünger jemand ist, der sich ständig in Gottes Wort vertieft, und dass die Bibel die einzige Quelle ist, um Seinen Willen zu erkennen!)

Frage 5

Prinzip: Wir müssen, dürfen und sollen für alle Lebensbereiche beten.

Zusatzfragen:

Zu Psalm 100,4: Wie kannst Du lernen, in Anbetung und Lob zu wachsen? Was denkst Du, warum es uns leichter fällt, für persönliche Notsituationen zu beten, statt anzubeten? Wo und wie kannst Du diesen Vers anwenden? Wie kannst Du dem Herrn lobsingen? (Ermutige den Neugläubigen, auch an den Anbetungszeiten der Gemeinde teilzunehmen!)

Zu 1. Johannes 1,9: Johannes schreibt diesen Brief an Gläubige. Offensichtlich geht er davon aus, dass der Gläubige weiterhin mit Sünde zu kämpfen hat. Was soll dieser aber mit den begangenen Sünden tun? Was heißt »bekennen«? Wem bekennen? Warum heißt es, dass Er »treu und gerecht« ist, wenn Er uns vergibt – sollte da nicht eigentlich »gnädig« stehen? (Vorsicht »Trickfrage«! Hat Er das Werk auf Golgatha verstanden? Wenn Jesus bezahlt hat, dann ist es gerecht, dass Er uns vergibt!)

Zu Epheser 6,18: Wie oft oder wie viel sollen wir beten? Wie kann man zu aller Zeit beten? Was könnte Paulus meinen, wenn er sagt, wir sollen »im Geist« bitten? Warum ist die hier stehende Aufforderung (»beharrlich zu wachen«) nötig? Wie könnte das bei Dir aussehen? Für wen sollen wir beten? Wer sind die Heiligen?

Zu 1. Timotheus 2,1: Warum schreibt Paulus, dass er »vor allen Dingen« ermahnt? Was bedeutet, »für alle Menschen« zu beten? Wie kannst Du »für Könige und alle, die in Hoheit sind« beten?

Frage 6

Prinzip: Nicht zu beten, heißt, sich schuldig zu machen.

Zusatzfrage: Könntest Du dem Gedanken zustimmen, dass Nicht-Beten auch für uns eine Sünde ist? Erkläre!

Frage 7

Prinzip: Gott reagiert nicht notwendigerweise auf unsere Gebete so, wie wir es wünschen, sondern so, dass es in vollkommenem Einklang zu Seiner Liebe und Weisheit steht und es langfristig am besten ist.

Zusatzfragen:

Zu Johannes 11: Was denkst Du, was in den Herzen von Maria und Martha vorging, als sie vergeblich auf Jesus warteten? Was denkst Du, wie sie über das ganze Ereignis (und die relativ lange Wartezeit auf Jesus) nach der Auferstehung ihres Bruders gedacht haben? Was kannst Du daraus für Dein Leben lernen?

Zu 2. Korinther 12,7-9: Für welches Problem hat Paulus inbrünstig gebetet? Vor welcher Gefahr wollte Gott ihn bewahren? Was war der Weg dazu? Wie wird Paulus das Nicht-Antworten Gottes in der Zeit des Wartens emotional erlebt haben? Welchen geistlichen Segen bekam er dadurch, dass seine Gebete nicht erhört wurden?

Zu 1. Könige 19,4-5: Hier betet ein Mann Gottes am Tiefpunkt seines Lebens. Aber sein Gebet wird nicht erhört. Was lernst Du hier über Gott? Welchen Einfluss kann diese Geschichte auf Deine Beziehung zu Gott haben?

Frage 8

Prinzip: Sorgen sollen uns nicht umtreiben, sondern ins Gebet treiben.

Zusatzfragen: Versuche, die Verheißung aus Vers 7 mit eigenen Worten wiederzugeben. Was musst Du tun, dass diese Verheißung in Deinem Leben Realität wird? Was ist die natürliche Reaktion in Nöten? Warum ist es oft leichter, mit Menschen über unsere Nöte zu sprechen, als mit Gott? Verlangt Paulus nicht zu viel von uns, wenn er sagt, wir sollten sogar in Nöten danken? Zähle 10 Dinge auf, wofür Du auch in Nöten danken kannst!

 **Frage 9**

Prinzip: Gott will großzügig nach Seinem Reichtum geben.

Zusatzfragen: Wird Gott alles Nötige oder alles Gewünschte geben? Erkläre! Wie wird Gott geben, nach welchem Maß? (Beachte: Gott gibt nicht *aus* Seinem, sondern *nach* Seinem Reichtum! Wenn ein Milliardär einem Bettler 100 Euro gibt, dann gibt er diesen Betrag aus der Fülle seines Reichtums. Aber wenn er dem Bettler eine Million Euro gibt, dann kommt diese Million zwar ebenfalls aus seinem Reichtum, aber die Gabe entspricht seinem Reichtum. Er gibt nach der Fülle seines Reichtums!)

Aufgaben

1. Ermutige Deinen Mentee, als Gerüst für das tägliche Gebet die Abfolge von Anbetung, Bekenntnis, Dank und Bitten zu verwenden.
2. Erinnere ihn an die Gebetsliste, die in der vorigen Lektion eingeführt wurde, und hilf dem Neugläubigen, sie weiter zu vervollständigen. Betet dann dafür.
3. Betet gemeinsam. Betet viel gemeinsam. Betet viel gemeinsam für konkrete Anliegen. Beten lernt man durch Beten.

Lektion 7: Als Gotteskind siegreich leben

Ziel

1. Aufzeigen, dass siegreiches Leben von Gott verheißen ist und für jedes Gotteskind der Normalzustand sein sollte.
2. Aufzeigen, dass siegreiches Leben ausschließlich auf der Grundlage des Lebens und Werkes Christi sowie der Stellung des Gläubigen in Christus möglich ist.
3. Befreiung von unbiblischen Heiligungsvorstellungen.
4. Den Weg zum Sieg aufzeigen.

Ablauf des Treffens

Rückschau und Wiederholung

1. Was ist seit dem letzten Treffen geschehen?
2. Wie geht es ihm mit der Stillen Zeit? Achte auf Regelmäßigkeit, ermutige ihn. Bitte ihn, Dich an den Erkenntnissen teilhaben zu lassen, die der Herr ihm gezeigt hat.
3. Abfragen der gelernten Verse.

Bearbeitung der Lektion

Frage 1

Prinzip: Der Wiedergeborene ist nicht nur von dem ewigen Tod errettet, sondern auch zu einem siegreichen Leben berufen.

Zusatzfragen:

Zu Johannes 10,10: Von welchem Leben redet der Herr hier? Was denkst Du, was »überfließendes Leben« bedeutet?

Zu Galater 5,22: Welche dieser Eigenschaften benötigst Du am dringendsten? Warum heißt es »Frucht des Geistes« und nicht »Lohn Deiner Anstrengung«?

Frage 2

Prinzip: Der Gläubige ist von der stellungsmäßigen Herrschaft der Sünde befreit, aber die Sünde hat noch immer Einfluss auf ihn.

Anmerkungen: 1. Johannes 1,7 sagt deutlich, dass der im Licht Wandelnde Sündenvergebung benötigt. Das kann für den Neugläubigen eine große Erleichterung sein, weil er irrtümlicherweise denken mag, dass mit der Bekehrung ein sündloses Leben beginnt. Ermutige ihn, ehrlich und transparent zu sein. Das ist demütigend – aber heilsam (Jakobus 4,6-7). Rede von Deinen eigenen Kämpfen, Niederlagen und Siegen. Bekennt einander die Sünden und betet füreinander (Jakobus 5,16)!

Zusatzfragen: Von welchen Illusionen will uns dieser Text befreien? Was sollen wir mit unseren Sünden tun (1,9)? Was wird Gott mit den Sünden tun (1,9)? Was ist und bleibt das letztendliche Ziel des christlichen Lebens (2,1)? Mit welcher Realität rechnet der Apostel Johannes in 2,1? Welche Funktion übernimmt Jesus bei Gott dem Vater, wenn wir unsere Sünden bekennen?

Frage 3

Prinzip: Der Herr gibt dem begnadigten Sünder eine neue Identität.

Zusatzfragen: Welche von diesen Sünden beschreibt am besten Dein Leben, bevor Du Christ wurdest? Welche dieser Sünden ist in Deinen Augen die schrecklichste? Was hat Gott mit den Leuten, die etwas Derartiges taten, gemacht? Würdest Du es wagen, so einen Menschen »geheiligt« zu nennen? Würdest Du gern in der Gemeinde neben dieser Person sitzen und aus seiner Hand Brot und Wein nehmen? Erkläre!

Frage 4

Prinzip: Satans Angriffen kann man nur mit den gottgegebenen Mitteln widerstehen.

Zusatzfragen:

Zu 1. Petrus 5,8: Warum werden wir zu Nüchternheit aufgerufen, wenn es um den Teufel geht? Weshalb ist Wachsamkeit vonnöten? Warum wird Satan mit einem Löwen verglichen? Warum ein brüllender Löwe? Was muss man glauben, um standhaft widerstehen zu können?

Zu 2. Korinther 11,14: Warum wird der Satan so genannt? Was ist dabei seine Strategie, und auf was müssen wir besonders achtgeben?

Zu 1. Johannes 2,15-17: Sowohl bei Eva (1. Mose 3) als auch bei Jesus (Matthäus 4,1-11) hat der Feind diese List schon angewandt! Wie ist hier die Methode, an welchen Punkten setzt der Feind an, um uns zu Fall zu bringen? Was wären geeignete Hilfsmittel, um siegreich zu sein wie Jesus?

Zu Jakobus 4,6-7: Die zur Verfügung stehende Gnade ist immer größer als die Versuchung – aber welche Charaktereigenschaft ist vonnöten, damit die Gnade siegen kann? Wie würdest Du Demut beschreiben? Ist Demut schön? Welche Gebote findest Du? Wie könnten diese Gebote in Deinem Leben ganz praktisch aussehen? Ist es leichter, sich Gott oder dem Teufel zu unterwerfen? Ist es möglich, dass ein Christ Gott widersteht? Welche Verheißung findest Du?

Frage 5

Prinzip: Weltliebe vertreibt die Vaterliebe.

Zusatzfragen: Was ist die »Welt«? Warum ist die Warnung, nicht die Welt zu lieben, so wichtig? Ist Liebe nicht einfach nur ein Gefühl, das einen überkommt und dem man hilflos ausgesetzt ist? Wie kann man sich trotzdem dafür entscheiden, etwas nicht zu lieben? Gibt es weltliche Dinge in Deinem Leben, denen Du Deine »Liebe aufkündigen« musst? Welche?

Frage 6

Prinzip: Liebe und Gehorsam gehören bei Johannes immer zusammen! Wenn wir Gott lieben, tun wir, was Er sagt. Welche Illustration könntest Du benutzen, um dieses Prinzip deutlich zu machen? (Der Ehemann sagt zu seiner Frau: »Ich liebe dich.« Wie wird diese Liebe für die Ehefrau erfahrbar? Reicht der Strauß Blumen, wenn er sonst oft ihre Kochkünste kritisiert?)

Zusatzfragen: Wie drückt sich der Glaube (Vers 4) in unserem Leben aus? Ist Glaube ohne Werke wirklich Glaube?

Frage 7

Prinzip: Der ständige Umgang mit der Bibel führt zu einem siegreichen Leben.

Anmerkung: Nutze auch hier wieder die Gelegenheit, den Neugläubigen darauf hinzuweisen, dass Sieg und die regelmäßige Pflege der Gemeinschaft durch Bibellesen und Gebet untrennbar zusammenhängen. Nur durch Gemeinschaft mit dem Herrn können wir »wachsen zur Errettung«.

In Epheser 6,10-18 wird die geistliche Waffenrüstung vorgestellt. Daher kannst Du hier die Gelegenheit nutzen, um Deinem Mentee zu erklären, dass das Schwert in Epheser 6,17 die Bibel ist.

Zusatzfragen: Ein Baby hat instinktiv das Bedürfnis nach Milch – aber Petrus fordert uns auf, dieses Bedürfnis zu haben! Warum? Was symbolisiert die Milch? Warum spricht Petrus von einer vernünftigen, unverfälschten Milch? Er spricht zu Christen – und trotzdem redet er von Errettung. Von welcher Errettung ist hier die Rede? Warum redet er von einem Wachstum zur Errettung hin?

Frage 8

Prinzip: Reines Lesen ist sehr gut, aber das Nachsinnen über die Bibel bewirkt Sättigung der Seele.

Zusatzfrage: Wie konkret können wir die Bibel »essen«? Was könnte Gott damit meinen? Könnte das Auswendiglernen von Bibelversen dabei hilfreich sein?

 **Frage 9**

Prinzip: Die Methoden des Feindes, der besiegt ist, sind erprobt und nicht neu!

Zusatzfragen: Wie gelingt es Dir, die Waffenrüstung anzuziehen? Womit verteidigen wir uns, womit greifen wir an? Wie gut wäre es zum Beispiel, die Bibel sorgfältig zu kennen und ein effektives Gebetsleben zu führen?

Aufgaben

1. Ermutige dazu, die bisher erlernten Bibelverse zu wiederholen und den neuen Bibelvers auswendig zu lernen.
2. Macht einen Termin für das nächste Treffen aus.
3. Überlegt unter Gebet, wie der Neugläubige das Evangelium seinen Freunden weitergeben kann! Wie kannst Du helfen? Kann man Literatur weitergeben? Gibt es Möglichkeiten für gemeinsame Aktivitäten?
4. Bleibt während der Woche in Kontakt.

Lektion 8: Beständige Gemeinschaft mit dem Vater

Ziel

1. Den Unterschied zwischen der Beziehung und der Gemeinschaft mit Gott aufzeigen.
2. Verdeutlichen, dass ein Leben in der Heiligung der Beweis für eine echte Bekehrung ist.
3. Den Weg zurück in die Gemeinschaft mit Gott erklären, falls Sünden diese getrübt haben.

Anmerkungen

Erläutere Deinem Mentee den Unterschied zwischen der unauflösbaren Beziehung mit Gott auf der einen Seite und der Gemeinschaft mit Gott dem Vater auf der anderen Seite. Verdeutliche gleichzeitig, dass die Möglichkeit, die gestörte Gemeinschaft wiederherzustellen, nicht als Freibrief für die Sünde missverstanden werden darf. Verdeutliche den Unterschied zwischen Sündigen (in Sünde fallen) und einem Lebensstil, der von der Sünde geprägt ist. Der aus Gott Geborene tut nicht Sünde (1. Johannes 3,9), d. h., er verharrt nicht in der Sünde. Da er dennoch immer wieder sündigt, muss er täglich seine Sünden bekennen, um in ungestörter Gemeinschaft mit Ihm zu sein.

Ablauf des Treffens

Rückschau und Wiederholung

1. Was ist seit dem letzten Treffen passiert?
2. Wie ging es mit der Stillen Zeit? Besprecht wiederum alle Verheißungen, die ihm beim Lesen der Schrift begegnet sind.
3. Verse abfragen. Achte darauf, dass Ihr alle Verse sorgfältig jede Woche wiederholt. Achte auf wortwörtliche, genaue Wiedergabe der Verse (Text und Versangabe!).

Besprecht die Lektion »Beständige Gemeinschaft mit dem Vater«.

Frage 1

Prinzip: Die Wahrheit, dass der Gläubige noch immer sündigt, muss erkannt und angenommen werden.

Zusatzfragen: Warum stehen wir in der Gefahr, uns selbst zu betrügen? Wie würde sich dieser Selbstbetrug bei uns auswirken? Kann jemand, der behauptet, nicht zu sündigen, ein wiedergeborener Christ sein?

Frage 2

Prinzip: Der Gläubige kann nicht in der Sünde leben. Wiedergeburt und Sünde als Lebensstil schließen sich aus.

Anmerkungen: Es ist wichtig, dass der Neugläubige lernt, zwischen Sünde als Lebensstil und dem ungewollten Sündigen zu unterscheiden. Ohne diese Erkenntnis kann dieser Vers bei einem Gläubigen große Unruhe auslösen. Bei Scheingläubigen ist diese Unruhe erwünscht!

Zusatzfragen: Warum schreibt Johannes »tut nicht Sünde« statt »sündigt nie mehr«? Von wessen Samen ist hier die Rede? Was ist die Verbindung zwischen »nicht Sünde tun« als Lebensprinzip und dem Samen Gottes in uns? Was bedeutet »kann nicht sündigen«? Theoretisch kann sich doch der Gläubige dafür entscheiden, eine Sünde gezielt zu begehen. Warum gibt es eine moralische Unmöglichkeit? Gibt Dir dieser Vers Sicherheit für Deine Errettung, oder verunsichert er Dich eher? Erkläre!

Frage 3

Prinzip: Jeder Gläubige wird noch sündigen – aber er will es nicht und kann nicht darin leben und wird die Sünde als Lebensstil verwerfen.

Anmerkung: Es ist ganz normal, dass der Neugläubige seit der Bekehrung plötzlich die volle Wucht und Macht der Sünde verspürt! Denn: Nur wer gegen den Strom schwimmt, wird merken, wie stark die Strömung ist. Wer sich vom Strom der Sünde mitreißen lässt, erkennt deren Kraft kaum.

Zusatzfragen: Hat sich Deine Einstellung zur Sünde in den letzten Wochen verändert? Erkläre!

Frage 4

Prinzip: Das Verlangen des Gläubigen ist Heiligkeit.

Zusatzfragen: Welche zwei Bitten spricht der Psalmist aus? Welche Charaktereigenschaft ist vonnöten, um solche Bitten auszusprechen? Was ist seine feste Absicht? Warum ist die Einsicht eine wichtige Voraussetzung für einen reinen Lebenswandel? Was will der Psalmist mit den Worten »bewahren bis ans Ende« und »halten von ganzem Herzen« ausdrücken? Hast Du schon einmal so gebetet?

Frage 5

Prinzip: Biblische Buße heißt: Sünde bekennen und lassen.

Zusatzfragen: Was ist leichter: bekennen oder verbergen? Erkläre! (Vorsicht – diese Frage ist tiefgründiger, als sie auf den ersten Blick scheint. Kurzfristig ist es leichter zu verbergen. Aber die langfristigen Folgen sind dramatisch! Bedenke: Wenn wir aufdecken/bekennen, deckt Gott zu. Wenn wir verbergen, deckt Gott auf – und das ist meist sehr schmerzhaft!) Was muss mit einem Menschen geschehen, damit er Barmherzigkeit von Gott erfährt?

Frage 6

Prinzip: Sündenbekenntnis als Voraussetzung für die Wiederherstellung der Gemeinschaft.

Zusatzfragen: Wie kann man Gott Sünden bekennen? (Drücke es mit Worten im Gebet aus, nicht nur in Gedanken! Bekennen heißt, das Gleiche über die Sünde zu sagen, was auch Gott darüber sagt! Z. B. nicht: »Das war kein schönes Wort, das mir da herausgerutscht ist.« Sondern: »Ich habe böse über Person X geredet!«) Auf welcher Grundlage kann Gott vergeben und reinigen? Wenn Gott vergibt – ist Er dann gnädig oder »treu und gerecht«? Erkläre!

Frage 7

Prinzip: Das Blut Jesu Christi reinigt uns von aller Sünde.

Zusatzfragen: Wo geschieht die Sündenvergebung – in Deiner Gefühlswelt oder bei Gott? Ist Dir vergeben, auch wenn Du es nicht sofort spürst? Warum?

Frage 8

Prinzip: Der Gläubige meidet die Sünde.

Zusatzfragen: Was heißt »den Namen des Herrn nennen«? Warum steht dort nicht »Namen Jesu«? Warum ist diese Aufforderung auch für Gläubige wichtig? Fällt es Dir schwer, von der Sünde abzustehen?

Frage 9

Prinzip: Ohne Absonderung gibt es keine Heiligung.

Anmerkungen: Erkläre dem Neugläubigen, was ein Joch ist, wie es funktioniert und warum man z. B. nicht ein Pferd und einen Ochsen zusammenjochen kann. Deshalb darf ein Gläubiger z. B. nicht einen Ungläubigen heiraten, weil er durch den Ehebund mit dem Ungläubigen in ein ungleiches Joch kommt. Auf der anderen Seite sind wir aber als Jünger berufen, Licht und Salz in der Welt zu sein. Dazu sollen wir gute Beziehungen zu den ungläubigen Menschen in unserem Umfeld pflegen, ohne mit ihnen in eine Jochbeziehung zu treten. Der Herr war das vollkommene Vorbild – Er wurde ein Freund der Zöllner und Sünder genannt.

Zusatzfragen: Auf welche Weise kann ein Gläubiger mit einem Ungläubigen zusammengejocht sein? Nenne praktische Auswirkungen für den Gläubigen, wenn er dieses Gebot nicht annimmt. Werde praktisch: Bist Du mit einem Ungläubigen zusammengejocht? Was sagt Dir Vers 17, was jetzt zu tun ist? Was wird die Folge davon sein (Vers 17b-18)?

Aufgaben

1. Ermutige dazu, die bisher erlernten Bibelverse zu wiederholen und den neuen Bibelvers auswendig zu lernen.
2. Macht einen Termin für das nächste Treffen aus.
3. Ermutige weiter zum Zeugnisgeben!
4. Bleibt während der Woche in Kontakt.

Lektion 9: Dem Herrn gehorchen

Ziel

1. Die Wichtigkeit der Unterordnung jedes Lebensbereichs unter die Herrschaft Gottes verdeutlichen.
2. Zeigen, was es praktisch im Alltag bedeutet, unter der Herrschaft Jesu zu leben.

Anmerkungen

Die vorliegende Lektion ist sehr herausfordernd. Nicht lehrmäßig, sondern in der praktischen Umsetzung. Es gab nur einen Menschen, der vollkommen gehorsam war – unser Herr Jesus Christus! Wir alle aber straucheln oft (Jakobus 3,2). Das ist jedoch keine Rechtfertigung für Lauheit. Die Ansprüche der Jüngerschaft dürfen und wollen wir nicht herabsetzen. Deshalb widerstehe der Versuchung, die Aussagen der Schrift bezüglich Hingabe und Gehorsam an den Herrn zu relativieren oder abzumildern! Sei aber ehrlich mit Deinem Mentee und sprich über Deine eigenen Kämpfe und vielleicht auch über Ängste vor der völligen Hingabe. Übe keinen moralischen Druck aus, tappe nicht in die Falle der Gesetzlichkeit und fliehe vor jeder Heuchelei. Erinnere daran, dass die Heiligung ein lebenslanger Prozess ist, der erst in der Herrlichkeit vollendet sein wird. Diesseits der Ewigkeit sind wir Lernende. Buße, Transparenz vor Gott und den Menschen und Seine Gnade sind jeden Tag nötig.

Ablauf des Treffens

Rückschau und Wiederholung

1. Was ist seit dem letzten Treffen geschehen?
2. Behandelt Fragen und die praktische Anwendung von Bibelaussagen, die Deinem Mentee beim täglichen Bibellesen begegnet sind. Lass ihn auch an dem teilhaben, was der Herr Dir in dieser Woche aus der Schrift gezeigt hat.
3. Verse abfragen.

Besprecht die Lektion »Dem Herrn gehorchen«.

Frage 1

Prinzip: Jesus Christus ist die letzte, höchste Autorität. Alle sind Ihm untertan – niemand und nichts ist davon ausgenommen.

Zusatzfragen: Welche Gedanken schießen Dir durch den Kopf, wenn Du darüber nachdenkst, dass Jesus »der Herr der Herren und der König der Könige« ist? Was könnte das für Dich persönlich bedeuten? Hat das Einfluss auf Dein Leben? Warum reagieren die meisten Leute so gleichgültig auf diese Wahrheit?

Frage 2

Prinzip: Der Herr der Herren muss der persönliche Herr sein.

Zusatzfragen: Wenn Jesus der Herr der Herren ist – was bedeutet es dann, Ihn als »meinen Herrn« anzusprechen? Warum ist es im Allgemeinen leichter, mit Menschen über Gott zu reden, als über den Herrn Jesus zu sprechen?

Frage 3

Prinzip: Jeder Mensch wird Jesus letztendlich als Herrn bekennen.

Zusatzfragen: Was bedeutet es, vor jemandem die Knie zu beugen? Als was wird Ihn jede Zunge bekennen? Warum bekennt nicht jede Zunge einfach »nur«, dass Er Gott, Retter oder Schöpfer ist – sondern Herr? Ist es für Dich ein ermutigender oder ein erschreckender Gedanke, dass sich einmal jedes Knie vor Ihm beugen wird? Wann hast Du das letzte Mal Jesus öffentlich als Herrn bekannt? Wie redest Du den Herrn im Gebet an – als »Jesus« oder »Herr Jesus«? Warum?

Frage 4

Prinzip: Jesus »Herr« zu nennen, verpflichtet zum Gehorsam.

Zusatzfragen: Warum ist es eigentlich eine moralische und logische Unmöglichkeit, Jesus »Herr« zu nennen und trotzdem nicht Seinen Willen zu tun? Fällt Dir spontan ein Gebiet in Deinem Leben ein, wo Du nicht die Herrschaft an Ihn abgeben willst? Welche der beiden Alternativen wäre die beste? a) einfach weitermachen und aufhören, Ihn »Herr« zu nennen, oder b) gehorsam sein und Ihn »Herr« nennen?

Frage 5

Prinzip: Liebe zu Jesus zeigt sich im Gehorsam.

Zusatzfragen: Was unterscheidet Liebe von einem warmen Gefühl ums Herz? Versuche, eine Definition von Liebe zu formulieren! Was würdest Du jemandem erwidern, der behauptet, dass er Jesus liebt, aber dass es unmöglich ist, Ihm gehorsam zu sein? (S. a. 1. Johannes 5,3 – Ist es schwer für eine stillende Mutter, nachts wegen des Babys aufzustehen?) Wie können Glaube und Liebe sichtbar werden? Wie kannst Du Deinen Freunden zeigen, dass Du Jesus liebst?

Frage 6

Prinzip: Der Erlöste gehört nicht mehr sich selbst, sondern dem Erlöser.

Zusatzfragen: Was war der Preis für Deine Erlösung? Wenn Jesus Dich freigekauft hat aus der Sklaverei Satans – wem gehörst Du dann rechtmäßig? Kommentiere die folgende Aussage: »Der Gläubige hat keine Rechte mehr«! Ist der Gedanke für Dich befreiend oder einengend, dass Du nicht mehr für Dich selbst leben kannst? Warum?

Frage 7

Prinzip: Die logische Konsequenz der Errettung ist ein Gott hingegebenes Leben.

Zusatzfragen: Inwiefern unterscheidet sich die Verwendung des Begriffs »Gottesdienst« von der üblichen Verwendung? Warum ist es nur vernünftig oder logisch, wenn für den Gläubigen in Anbetracht der Errettung das ganze Leben ein Gottesdienst ist? Welche drei Merkmale soll dieses Opfer haben? Was könnte das bedeuten? Was denkst Du, welche Hindernisse erschweren es, sich selbst Gott als lebendiges Schlachtopfer hinzugeben? Welche Bereiche Deines Lebens hast Du schon hingegeben, welche noch nicht? Erkläre!

Frage 8

Prinzip: Wer a) sich Gott ganz hingibt, b) nicht gleichförmig dieser Welt ist und c) sich verwandeln lässt, wird erfahren, dass der Wille Gottes vollkommen ist.

Zusatzfragen: Wie versucht die Welt, Dich in ihre Form zu pressen? Wie kannst Du Dich dagegen wehren? Gott hat durch die Neugeburt ein Erneuerungswerk in Dir begonnen. Nun verändert (griechisch *metamorphoō*; die Raupe wird in einen Schmetterling verwandelt!) Er Dich, damit Du Jesus immer ähnlicher wirst. Geschieht diese Verwandlung automatisch, oder dürfen wir daran mitarbeiten? Erkläre! Was wird ein verwandelter Mensch bezüglich des Willens Gottes erfahren? Was würdest Du auf folgende Aussage erwidern: »Sich von Jesus erretten zu lassen, ist super – aber sich selbst für Gott aufzuopfern, ist zu viel verlangt!«

Aufgaben

1. Es gilt klarzumachen, dass die Unterordnung unter die Herrschaft Christi Gehorsam verlangt, d.h., Er regiert jetzt mein Leben (Lukas 6,46; Römer 12,1). Durch Gehorsam erbringen wir den Beweis unserer Errettung (1. Johannes 2,3-4) und unserer Liebe zum Herrn (Johannes 14,15).
2. Nach allem, was Er für uns getan hat, sollte es für uns selbstverständlich sein, Ihm gehorsam zu sein (2. Korinther 5,15). Es ist nur gut für uns (Römer 8,28; Lukas 6,47-49).
3. Hilf dem Junggläubigen zu erkennen, wie sich die Herrschaft Christi in seinem Leben praktisch auswirken soll, und versuche, mindestens einen Lebensbereich zu finden, wo er die Lektion gleich anwenden kann.

Lektion 10: Gemeinschaft mit Gotteskindern

Ziel

1. Die Wichtigkeit der verbindlichen Zugehörigkeit und aktiven Mitarbeit in einer lebendigen, christuszentrischen und bibeltreuen Gemeinde verdeutlichen.
2. Was bedeutet die aktive und verbindliche Teilnahme am Gemeindeleben als ein Glied am Leib Christi für den Einzelnen in der Praxis.
3. Die Beziehung des Gläubigen zur Gemeindeleitung aus biblischer Sicht.

Anmerkungen

Es ist von großer Bedeutung, dem Junggläubigen über das Gebot zur Gemeinschaft mit Gläubigen (Hebräer 10,25) hinaus den Blick dafür zu öffnen, warum es zu unserem Besten ist. Es geht nicht um die bloße Teilnahme am Sonntagmorgen, sondern vielmehr darum, aktiv – gebend und nehmend – am Leben der Gemeinde Anteil zu haben. Lege ihm sowohl die Wichtigkeit als auch den Segen dar, der auf seiner aktiven Teilnahme am Gemeindeleben ruht (an den folgenden vier in Apostelgeschichte 2,42 genannten Bereichen):

1. Die Lehre der Apostel (Titus 1,9) – das fundierte, ausgewogene, anspornende und systematische Lehren des Wortes – wirkt sich befruchtend aus auf …
   a) … das persönliche Bibelstudium;
   b) … das Gemeindeleben; und
   c) … das persönliche Leben.
2. Die Gemeinschaft (Hebräer 10,24-25; Sprüche 27,17): Der Junggläubige braucht Ermunterung, Ermahnung, Ermutigung und

Liebe von seinen Geschwistern in Christus. Aber die Gemeinde dient nicht nur ihm – auch er wird, darf, muss und will der Gemeinschaft dienen.

3. Das Brotbrechen (Apostelgeschichte 20,7; 1. Korinter 11,23-26) – der Junggläubige soll dem Herrn gehorsam sein, indem er gemäß dem Gebot des Herrn Seiner gedenkt. Das Brotbrechen dient dazu, ihn zur Anbetung zu führen.
4. Das Gebet (Apostelgeschichte 12,12): Das gemeinsame und das persönliche Gebet füreinander sind integraler Bestandteil des Gemeindelebens.

Weiter soll der Junggläubige ein Verständnis für das von Gott eingesetzte Leiterschaftsprinzip in der Gemeinde bekommen und sich der Fürsorge, der Führung und dem Schutz der Ältesten seiner Gemeinde anvertrauen (Hebräer 13,17; 1. Petrus 5,1-5).

Ablauf des Treffens

Rückschau und Wiederholung

1. Was ist seit dem letzten Treffen geschehen?
2. Besprecht alle Fragen, die beim täglichen Bibellesen aufgekommen sind, und geht auf die praktische Anwendung der Texte ein.
3. Verse abfragen.

Besprecht die Lektion »Gemeinschaft mit Gotteskindern«.

Frage 1

Prinzip: Der gläubig gewordene Mensch wird durch seine Errettung ein Teil der Gemeinde.

Zusatzfragen: Erkennst Du eine logische Reihenfolge in den drei Ereignissen dieses Verses? Wer tut was? Wer nimmt auf? Was muss er aufnehmen? (Interessant: Sein Wort aufzunehmen, heißt, Jesus aufzunehmen!) Wer tut hinzu? Wozu wurden die Gläubigen hinzugetan? War das ein förmlicher oder eher ein organischer Prozess? Was denkst Du, welcher Zeitraum lag zwischen den Ereignissen? Wer kann ein Teil der Gemeinde werden, und wer nicht?

Frage 2

Prinzip: Die vier Säulen des Gemeindelebens.

Zusatzfragen: Was denkst Du, warum es heißt: »Sie verharrten …«? Es geht um die vier Säulen des Gemeindelebens. Was davon können wir auch allein praktizieren? Was nicht? Welches Tischbein ist das wichtigste? Was könnte das für Dich bedeuten? Warum ist es wichtig, in diesen Dingen eine stabile Gewohnheit zu entwickeln? Was bewirkt diese Stabilität für den Einzelnen, für die Gemeinde?

Frage 3

Prinzip: Die Gläubigen trafen sich am Sonntag, um als Gemeinde zusammen das Brot zu brechen.

Zusatzfragen: Welche der vier Punkte aus Frage 2 findest Du hier? Warum versammelten sich die Christen? (Beachte: Der große Apostel kam – aber sie trafen sich zum Brotbrechen!) Was denkst Du, warum Paulus erst am folgenden Tag abreisen wollte? Was sagt das über die Wichtigkeit des Treffens als Gemeinschaft aus? Denkst Du, wir sollten auch heute noch unsere Termine um die Gemeindetreffen herum planen? Welche Priorität hat für Dich das Treffen am Sonntagmorgen? Was sind Deiner Meinung nach gerechtfertigte Gründe, die Gemeindetreffen einmal ausfallen zu lassen?

Frage 4

Prinzip: Die Geretteten haben als Gemeinschaft eine neue Identität und damit auch einen großen Auftrag erhalten.

Zusatzfragen: Wie beschreibt Petrus die Herausgerufenen (vier Punkte)? Was bedeuten diese vier Beschreibungen? Was spricht Dich persönlich besonders an? Welche Aufgabe hat die Gemeinde? Welche Empfindungen hast Du, wenn Du darüber nachdenkst, in welche Stellung Du jetzt erhoben worden bist? Welche Verantwortung ergibt sich für Dich daraus?

Frage 5

Prinzip: Die Christen lebten in örtlichen Gemeinden.

Zusatzfragen: Wie würde Paulus den ersten Vers formulieren, wenn er an Deine Gemeinde schriebe? Erkennst Du eine zweifache Identität? (1. lokal: »der Thessalonicher«, und 2. geistlich: »in Gott«)

Frage 6

Prinzip: Jesus Christus persönlich – wenn auch unsichtbar – ist das Haupt der Gemeinde.

Zusatzfragen: Wer ist das Haupt der Gemeinde? Welche Funktion hat Jesus als Haupt der Gemeinde? Was geschieht in der sichtbaren Welt, wenn krankheitsbedingt der ganze Körper oder einzelne Glieder bzw. Organe nicht mehr vom Gehirn kontrolliert werden? Jeder Körper ohne Kopf ist tot – was lehrt uns diese Analogie über die Beziehung der Gemeinde zu Jesus als Haupt? Was will Paulus mit den Worten »damit er in allem den Vorrang habe« ausdrücken? Was bedeutet dies für das Gemeindeleben?

Frage 7

Prinzip: Jeder Gläubige ist mit seinen Gaben ein Glied am Leib Jesu Christi, der dessen Haupt ist.

Anmerkungen: Diese Verse sind überaus reich an geistlichen Wahrheiten. Sie werden sich dem Junggläubigen erst mit der Zeit immer weiter erschließen. Zu diesem Zeitpunkt ist es wichtig. ihm zu zeigen, dass a) die Gemeinde Jesu Leib ist, b) jeder ein Glied am Leib ist, c) die Glieder zur Auferbauung des Leibes dienen und d) somit der Leib wächst, wobei dies unter der Autorität des Hauptes geschieht.

Zusatzfragen: Was ist die Beziehung des Kopfes zum Leib und des Leibes zum Kopf? Warum hat der Körper viele verschiedene Glieder? Warum können in einem gesunden Körper so viele verschiedene und verschiedenartige Glieder harmonisch zusammen funktionieren?

Frage 8

Prinzip: Die lokale Gemeinde hat mehrere Älteste, die in der Verantwortung vor Gott die Gemeinde Gottes auf Gottes Weise leiten.

Zusatzfragen:

Zu Apostelgeschichte 20,17: Schau genau hin: Stehen die Wörter »Ältester« und »Versammlung« (oder »Gemeinde«) in der Ein- oder Mehrzahl? Was kannst Du daraus ableiten? Warum ließ Paulus für seine Abschiedsrede nicht die ganze Gemeinde, sondern nur die Ältesten herbeirufen?

Zu Titus 1,5: Siehe Frage oben! Wie wichtig ist es für eine Gemeinde, dass sie Älteste hat? Wenn sie Paulus so wichtig sind – sind sie es Dir auch? Erkläre!

Frage 9

Prinzip: Gehorsam gegenüber den von Gott eingesetzten Leitern erleichtert ihnen ihren Aufseherdienst und ist gleichzeitig zum Nutzen der Gemeinde und jedes Einzelnen.

Zusatzfragen: Welche Aufgaben haben die Ältesten? Wem gegenüber sind sie verantwortlich? Was ist die Verantwortung der Gemeindeglieder gegenüber ihren Ältesten? Was bedeuten die Aufforderungen »gehorcht« und »seid fügsam«? Welchen Segen wird der Gehorsame dadurch erleben? Denkst Du, dass es schwer oder leicht ist, die Anweisungen dieses Verses auszuleben? Hast Du schon Erfahrung mit Ältesten der Gemeinde? Hast Du schon Rat von ihnen eingeholt? Ist es für Dich schwer, Rat einzuholen und anzunehmen? Warum?

Frage 10

Prinzip: Die konstante Pflege der Gemeinschaft mit der Gemeinde ist von äußerster Wichtigkeit!

Zusatzfragen: Aus welchen Gründen könnte jemand sich von der Gemeinde zurückziehen? Wie würdest Du einer solchen Person helfen? Wer oder was ermutigt Dich, am Gemeindeleben teilzunehmen? Wer oder was hält Dich davon ab? Inwiefern kann Dir dieser Vers in Deiner Tages- und Wochenplanung helfen? Was könnten gute Gründe sein, das »Zusammenkommen« mit Gläubigen Deiner Gemeinde zu »versäumen«?

Aufgaben

Hilf dem Neugläubigen, dass er ein aktives Glied einer christuszentrischen und bibeltreuen Gemeinde wird. In aller Regel wird das die Gemeinde des Mentors sein.

Lektion 11: Anderen den Weg zum ewigen Leben zeigen

Ziel

1. Die Wichtigkeit des treuen und wirkungsvollen Zeugendienstes gegenüber den Verlorenen verdeutlichen.
2. Dem Junggläubigen eine klare, einfache Darstellungsweise des Evangeliums mit begleitenden Versen an die Hand geben.

Anmerkungen

Zeige, dass das Evangelisieren ein Gebot unseres Herrn ist (Apostelgeschichte 1,8; Lukas 24,46-47), und versuche, bei ihm ein Anliegen für die Verlorenen zu wecken (Matthäus 9,36; 13,41-43).

Mache ihm seine Verantwortung für die Verlorenen in seiner unmittelbaren Umgebung bewusst (Hesekiel 33,1-9). Er muss das Evangelium so verstanden haben, dass er nun in der Lage ist, es einfach, aber vollständig darzustellen. Zu jedem Aspekt soll er eine Stelle auswendig wissen, mit der er das Gesagte untermauern kann. Gib ihm außerdem Anregungen dazu, wie man Gespräche auf geistliche Dinge lenken kann, und Kriterien, anhand derer er ermessen lernt, wo der jeweilige Gesprächspartner steht.

Hilf ihm, Menschen aus seiner Umgebung (Verwandte, Bekannte, Freunde) auszuwählen, denen er Jesus Christus bezeugen kann. Halte ihn zum regelmäßigen Gebet für ihre Errettung und für Gelegenheiten zum evangelistischen Gespräch mit ihnen an.

Ablauf des Treffens

Rückschau und Wiederholung

1. Tauscht miteinander aus, was seit dem letzten Treffen geschehen ist.
2. Besprecht alle Fragen, die bei seinem täglichen Bibellesen aufgekommen sind, und geht auf die praktische Anwendung der Texte ein.
3. Verse abfragen.

Besprecht nun die Lektion.

Frage 1

Prinzip: Jeder Mensch ist ein Sünder, weil er seinen eigenen Weg und nicht Gottes Weg geht.

Zusatzfragen:

Zu Römer 3,23: Siehe Lektion 1, Frage 4!

Zu Jesaja 53,6: Wer irrt umher? Warum wird das Bild des Schafs gebraucht? Auf welchem Weg sollte der Mensch sich befinden? Wenn der Mensch mit einem Schaf verglichen wird – wie wird dieser Weg dann enden? (S. a. Lektion 1, Frage 5.)

Frage 2

Prinzip: Sünde trennt von Gott.

Zusatzfragen: Siehe Lektion 1, Frage 6.

 **Frage 3**

Prinzip: Nur wer im Buch des Lebens eingeschrieben ist, wird dem ewigen Gericht entgehen.

Zusatzfragen: Wer sitzt auf dem Thron? Was mag es bedeuten, dass keiner diesem Thron entfliehen kann? Warum möchte wohl überhaupt jemand diesem Thron entfliehen? Es ist die Rede von Büchern (Plural) und dem Buch (Singular). Was steht in den Büchern, die zur Verurteilung führen? Warum sind es so viele Bücher? Wie können Tote gerichtet werden? Was ist die Strafe? Kann es irgendjemanden geben, der keine lange Liste von bösen Werken in den Büchern hat? Was ist die einzige Möglichkeit, dem ewigen Gericht zu entgehen? Wie geschieht es, dass der eigene Name in das Buch des Lebens eingeschrieben wird?

 **Frage 4**

Prinzip: Das Evangelium ist Gottes Weg, den gläubigen Sünder zu retten.

Zusatzfragen: Warum haben wir diese Ermahnung nötig, uns des Evangeliums nicht zu schämen? Was unterscheidet das Evangelium von einer guten Morallehre? Wie kann diese Kraft Gottes zum Heil im persönlichen Leben wirksam werden? Für wen gilt das Evangelium?

 **Frage 5**

Prinzip: Die Grundlage des Evangeliums ist Jesu Tod, Grablegung und Auferstehung.

Zusatzfragen: Siehe Lektion 1, Frage 3 (Teilfrage 3.2).

Frage 6

Prinzip: Der Sühnetod Jesu am Kreuz ist das Zentrum des Evangeliums.

Zusatzfragen: Warum ist die Botschaft vom Kreuz den Ungläubigen eine Torheit? Was ist so anstößig am Kreuz? Wie würde sich der Mensch den Rettungsplan wünschen oder vorstellen? Wie kann »das Wort vom Kreuz« dem Gläubigen »Gottes Kraft« sein?

Frage 7

Prinzip: Jesus erlitt stellvertretend für uns die Folgen der Sünde.

Zusatzfragen: Siehe Lektion 1, Frage 7.

Frage 8

Prinzip: Keinerlei Werke, sondern nur Jesus stellvertretender Tod errettet.

Zusatzfragen:

Zu Jesaja 53,4-5: Lies den Text laut vor und ersetze dabei jede Erwähnung von »er«, »ihn« und »ihm« durch »Jesus« und jede Erwähnung von »uns« durch »mich« oder »mein«!

Zu Epheser 2,8-9: Siehe Lektion 1, Frage 8.

Frage 9

Prinzip: Das Wesen und Werk Jesu Christi

Anmerkung: Erkläre Deinem Mentee, dass das Wort nach der Definition von Vers 14 Fleisch (d.h. Mensch) wurde. Der Schreiber Johannes lebte mit dem Wort, das Fleisch wurde (= mit Jesus), und hinterließ uns seinen Bericht. Er redet von niemand anderem als von Jesus.

Zusatzfragen: Lies nun die Verse 1-3 vor, aber ersetze den Begriff »Wort« und seine Entsprechungen durch »Jesus«! Was kannst Du über Jesus aus diesen Versen lernen? Was denkst Du, warum Jesus als »Wort« beschrieben wurde? Was wollte Er kommunizieren?

Frage 10

Prinzip: Siehe Lektion 1, Frage 10.

Zusatzfragen: Wie würdest Du »aufnehmen« umschreiben und erklären? Warum haben wir dann das »Recht«, Kinder Gottes zu werden? Was hilft sicher nicht, Gottes Kind zu werden?

Frage 11

Prinzip: Ein Lippenbekenntnis ist nichts wert, Taten müssen folgen! Wer sagt: »Die Lüge tut mir leid«, und weiter lügt, ist unglaubwürdig. Wenn ich die Sünde lasse, was habe ich dann verstanden?

Zusatzfragen: Siehe Lektion 1, Frage 11.

Frage 12

Prinzip: Jeder, der an Jesus glaubt, hat ewiges Leben.

Zusatzfragen:

Zu Johannes 5,24: Was sind die beiden Bedingungen für das ewige Leben? Wann bekommt er das ewige Leben? (»hat« – Gegenwartsform! Schon jetzt!) Was wird mit jedem Menschen passieren, der nicht glaubt und hört? In welchem Zustand befindet sich jeder Ungläubige? Wie kann jemand tot sein, wenn er doch noch atmet?

Was bedeutet es, dass ein lebendiger Mensch in das Leben übergehen kann?

Zu 1. Johannes 5,12: Siehe Lektion 1, Frage 12.

Aufgaben

Die Evangeliumsvorstellung in dieser Lektion wird Deinem Mentee eine große Hilfe sein, das Evangelium immer besser zu verstehen. Je mehr der Verstand das Evangelium erfasst, umso mehr kann sich das Herz darüber freuen. Aber diese Präsentation ist in der Regel zu lang. Deshalb zeige Deinem Mentee, wie man das Evangelium in drei Minuten erklären kann.

1. Ermutige ihn, bis zu Eurem nächsten Treffen jemandem den Weg zum ewigen Leben zu erklären.
2. Sei Du selbst ihm ein Vorbild und suche ebenfalls nach Möglichkeiten, anderen vom Herrn zu erzählen. So könnt Ihr Euch gegenseitig unterstützen, füreinander beten und Eure Erfahrungen austauschen.
3. Rufe ihn während der Woche an, um ihn zu ermutigen.
4. Folgende Ratschläge werden für den Junggläubigen eine große Hilfe sein:
   - Die Voraussetzungen für einen evangelistischen Lebensstil sind tägliche, innige Gemeinschaft mit dem Herrn, ein Leben unter der Führung des Heiligen Geistes und das Gebet um offene Türen.
   - Bete um Gelegenheiten zum Zeugnis und verabrede Dich mit Menschen. Beides ist wichtig – erwartungsvolles Beten und Handeln.
   - Bete darum, dass der Herr Dir zumindest einen Menschen zuführt, dem Du Deinen Glauben bezeugen kannst.
   - Schreibe seinen Namen auf Deine Gebetsliste, suche nach Gelegenheiten, die Du während der Woche hast, ihm zu

begegnen und ein evangelistisches Gespräch zu führen (Beispiele: gemeinsam mit dem Arbeits- oder Studienkollegen essen gehen, einen Bekannten oder Freund telefonisch kontaktieren oder auch mit einem Fremden ein Gespräch beginnen).

- Bemühe Dich um Kontakt mit Ungläubigen, die Du kaum oder gar nicht kennst. Sei hilfsbereit und interessiert und versuche, so zunächst eine Beziehung aufzubauen, auch wenn Du nicht gleich vom Evangelium reden kannst.
- Bekenne dem Herrn Deine Ängste beim Bezeugen und nimm Seine Kraft in Anspruch, damit Du vorwärtsgehen kannst.
- Festige die Beziehung zu einzelnen Menschen, sodass wirklich eine Vertrauensbasis entsteht und Dein Zeugnis gute Chancen hat, angehört und ernst genommen zu werden.

Lektion 12: Geistgeleitet leben

Ziel

1. Die Person und das Werk des Heiligen Geistes verstehen.
2. Seine Rolle im Leben des Gläubigen und die Wichtigkeit des geisterfüllten Lebens aufzeigen.

Anmerkungen

Zeige dem Junggläubigen aus der Schrift, dass der Heilige Geist eine Person mit Verstand (1. Korinther 2,11), Gefühlen (Epheser 4,30) und Willen (1. Korinther 12,11) ist, dass Er Gott ist, die dritte Person der Dreieinheit (Apostelgeschichte 5,3-4). Er soll verstehen, dass der Heilige Geist sein Lehrer (Johannes 16,13), Fürsprecher (Römer 8,26-27) und Leiter (Römer 8,14) und seine Kraftquelle (Apostelgeschichte 1,8) ist. Der Heilige Geist wohnt in jedem Gläubigen (1. Korinther 12,13), aber nicht jeder Gläubige ist geisterfüllt (Epheser 5,18). Erkläre ihm ganz praktisch, wie man mit dem Heiligen Geist erfüllt wird (Galater 5,16; Römer 6,13) und was die Folgen davon sind (Galater 5,22-23). Mache ihn auch darauf aufmerksam, dass der Geist niemals auf sich selbst, sondern immer auf Jesus Christus hinweist (Johannes 16,14).

Ablauf des Treffens

Rückschau und Wiederholung

1. Tauscht Euch aus, was seit dem letzten Treffen in seinem und in Deinem Leben geschehen ist, besonders auf dem Gebiet der Evangelisation (siehe Lektion 11).

2. Besprecht alle Fragen, die bei seinem täglichen Bibellesen aufgekommen sind, und geht auf die praktische Anwendung der Texte ein.
3. Geht jetzt beim Vers-Abfragen so vor, dass Du das Thema bzw. den Inhalt des Verses nennst und er darauf die Stelle und den Vers aufsagt.

Besprecht die Lektion »Geistgeleitet leben«.

Frage 1

Prinzip: Der Heilige Geist bleibt auf ewig in dem Gläubigen.

Zusatzfragen: Schau in der Fußnote Deiner Bibel nach, welche anderen möglichen Übersetzungen es für »Beistand« gibt! Bisher war Jesus all das für die Jünger – jetzt will Er einen »anderen« Beistand schicken. Wer ist das? Was tut der verheißene Beistand? Wo wird der Beistand sein? Wie lange wird Er im Gläubigen sein?

Frage 2

Prinzip: Der Heilige Geist zieht mit der Bekehrung in den Gläubigen ein.

Zusatzfragen: In welcher Reihenfolge geschieht es: »versiegeln«, »glauben«, »hören«? Warum schreibt Paulus »versiegelt« und nicht einfach »bekommen«? (S. a. Johannes 7,34-39.)

Frage 3

Prinzip: Der Heilige Geist wohnt in den Gläubigen.

Zusatzfragen: Welche Macht hat der Heilige Geist in Jesus gezeigt? Was bedeutet das für Dein Leben, wenn genau der gleiche

Geist in Deinem Leben wohnt? Warum schreibt Paulus »wohnt« und nicht einfach »ist« oder »kommt bei Bedarf als Gast«?

Frage 4

Prinzip: Das Innewohnen des Heiligen Geistes ist das Erkennungszeichen jedes Gläubigen.

Zusatzfragen: Was würdest Du jemandem erwidern, der behauptet, dass der Heilige Geist erst einige Zeit nach der Bekehrung durch ein besonderes Ereignis gegeben wird?

Frage 5

Prinzip: Wenn der sterbliche Körper durch den Einzug des Heiligen Geistes zum Tempel wird, muss das Konsequenzen auf unseren Umgang mit unserem Körper haben.

Zusatzfragen: Was bedeutet die Aussage für Dich, dass Dein Körper durch den Heiligen Geist zu einem Tempel wird? Welches Verhalten ist für einen Tempel angemessen? Welche Dinge sind angemessen für einen Tempel, welche nicht? Wie sieht das bei Dir aus?

Frage 6

Prinzip: Weil Hurerei den Tempel des Heiligen Geistes verunreinigt, müssen wir ein reines Leben führen.

Zusatzfragen: Was war das Problem der Korinther in Vers 18? Warum verbietet Paulus, gegen den eigenen Leib zu sündigen? Wie sieht es in Deinem Leben aus – ist es ein angenehmes Wohnen für den Heiligen Geist in Dir, oder fühlt Er sich in Seiner Heiligkeit durch Dinge verletzt, die Deinen Körper/Tempel verunreinigen?

Frage 7

Prinzip: Ein kontinuierliches Leben unter der Herrschaft des Geistes bedeutet Sieg.

Zusatzfragen: Was heißt »im Geist (andere übersetzen: ›*durch den Geist*‹) wandeln«? Wie kannst Du konkret darin wachsen, »im Geist zu wandeln«? Was kannst Du tun, was lassen? Zu welchen Dingen will der Geist Dich leiten? Was ist Ihm angenehm? Welche Verheißung gibt uns dieser Vers?

Frage 8

Prinzip: Die Geisterfüllung (im Unterschied zur »Versiegelung mit dem Geist«, siehe Frage 2) fällt in den Verantwortungsbereich jedes Gläubigen.

Zusatzfragen: Wer ist letztendlich dafür verantwortlich, dass wir den Heiligen Geist bekommen? Wer ist dafür verantwortlich, dass wir mit dem Heiligen Geist erfüllt werden? Ist dieser Auftrag eine Last oder Erleichterung?

Frage 9

Prinzip: Ein vom Heiligen Geist erfülltes Leben verherrlicht Gott und erhebt die Seele.

Zusatzfragen: Beschreibe mit eigenen Worten das Leben eines geisterfüllten Menschen (Vers 19-21)! Was tut er, was nicht?

Frage 10

Prinzip: Der Heilige Geist wird durch Sünde betrübt.

Zusatzfragen: Was lernst Du über das Wesen des Heiligen Geistes aus der Tatsache, dass Er betrübt werden kann? In Epheser 5,18 haben wir von Erfüllung mit dem Heiligen Geist gelesen – was passiert mit Ihm, wenn wir Ihn betrüben? Können wir Ihn vollständig aus unserem Leben vertreiben (siehe Frage 2)? Wodurch wird der Heilige Geist betrübt (siehe z. B. Epheser 4,31-32)? Ist der Heilige Geist in Dir glücklich oder betrübt?

Frage 11

Prinzip: Die Auswirkungen des Heiligen Geistes auf den Charakter des Gläubigen.

Zusatzfragen: Die Frucht muss wachsen – das benötigt a) Zeit und b) Nährstoffe. Was heißt das für die Frucht des Geistes? Sind es Früchte oder eine Frucht? Erkläre! Was ist all diesen Früchten gemeinsam (Charakter)? Welche Dinge bewirkt der Heilige Geist nicht? (Z. B. Wohlstand, obwohl ein guter Charakter den Betreffenden zu einem guten Arbeiter macht und er somit eventuell einen besseren Lebensstandard haben wird. Der Heilige Geist bewirkt auch nicht Gesundheit, obwohl ein Christ einen gesünderen Lebensstil hat und sich eventuell besserer Gesundheit erfreut. Aber das sind nur »Sekundär-Früchte!«) Welche Auswirkungen des Heiligen Geistes benötigst Du besonders?

Aufgaben

1. Betet füreinander um ein geistgeleitetes Leben.
2. Betet auch dafür, dass der Geist in den evangelistischen Bemühungen führt.
3. Macht einen Termin für das nächste Treffen aus.
4. Bleibt in Kontakt.

Lektion 13: Leben unter der Führung Gottes

Ziel

1. Es ist wichtig, den Willen Gottes über den eigenen Willen zu stellen.
2. Der Wille Gottes ist uns zu großen Teilen durch die Bibel geoffenbart und verlangt von uns Gehorsam.
3. Wer den Willen Gottes erkennen will, wird ihn auch erfahren.

Anmerkungen

1. Ermutige Deinen Mentee, jeden Tag den eigenen Willen neu und bewusst dem Willen Gottes unterzuordnen (Lukas 9,23). Werde praktisch – gehe auf konkrete Problemgebiete in seinem Leben ein. Übe jedoch keinen Druck aus! Sprich von Dir selbst, Deinen eigenen Kämpfen, Siegen und Niederlagen. Mache ihm klar, dass wir alle Lernende sind – auch wenn Du schon einen Schritt voraus bist. Deine Transparenz und Ehrlichkeit werden Deinem Mentee eine große Hilfe und Ermutigung sein.
2. In weiten Bereichen liegt uns der Wille Gottes durch die Bibel klar vor. Die folgenden Stellen (beliebig zu ergänzen) sind einige Beispiele dafür:
   - Matthäus 28,19-20;
   - 2. Korinther 6,14;
   - Galater 6,9-10;
   - Epheser 4,29;
   - Epheser 4,32.
3. Bei dem Bemühen, den Willen Gottes zu erkennen, sollte Dein Mentee immer wie folgt vorgehen (beachte auch die Reihenfolge – die nicht zufällig ist!):

a) Bete (Psalm 143,8).
b) Lies in der Schrift. Versuche, auf allgemeine Prinzipien zu kommen, die sich auf Deine Frage irgendwie anwenden lassen. Ein Beispiel: In 1. Korinther 6,19 heißt es, dass wir unsere Leiber nicht verunreinigen sollen, weil sie der Tempel des Heiligen Geistes sind.
c) Suche den Rat der Ältesten (Hebräer 13,17). Es ist ihre Aufgabe, Wegweisung zu geben.
d) Wäge die Vor- und Nachteile der Entscheidungsmöglichkeiten unter Einbeziehung der bisher gewonnenen Informationen ab.
e) Triff Deine Entscheidung und handle.

4. Das Thema der Führung Gottes im Leben wird leider auch missverstanden. Zeige ihm die häufigsten Fehlerquellen auf:
   a) Hören auf Gefühle. Philipper 4,9 und Johannes 13,15.17 zeigen, dass die bestätigenden Gefühle gewöhnlich erst nach den richtigen Taten kommen.
   b) Befolgen der Ratschläge oder Meinungen von Ungläubigen (Psalm 1,1) oder Christen, die vieles schönreden bzw. unreif sind.

Ablauf des Treffens

Rückschau und Wiederholung

1. Tauscht Euch aus, was seit dem letzten Treffen geschehen ist.
2. Sprecht über die Erfahrungen beim Weitersagen des Evangeliums.
3. Tauscht Euch über Eure Stille Zeit aus.
4. Verse abfragen, dabei auch immer wieder die Verse aus früheren Lektionen überprüfen.

Besprecht die Lektion.

Frage 1

Prinzip: Gott offenbart sich – die Frage ist nur, ob der Einzelne Ihn erkennen will.

Zusatzfragen: Was sagt es über Gott aus, dass Er an unseren eigenen Willen appelliert? Kannst Du Dir Gründe vorstellen, warum jemand nicht den Willen Gottes erkennen möchte?

Frage 2

Prinzip: Die Angelegenheiten Gottes müssen unsere erste Priorität sein.

Zusatzfragen: Welche Verheißung wird uns gegeben? Welche Bedingungen sind damit verknüpft? Was ist »dies alles«, was Er hinzufügen will (siehe vorige Verse)? Wie kannst Du dafür sorgen, dass diese Bedingungen in Deinem tagtäglichen Leben umgesetzt werden? Was wird Dir in Deinem Leben dann begegnen?

Frage 3

Prinzip: Gott erhört großzügig Gebete.

Zusatzfragen: Welche Erkenntnis geht jedem Gebet voraus (die Erkenntnis, dass es einem an Weisheit mangelt)? Ist es ein angenehmes Gefühl, den Mangel an Weisheit zu erkennen? Warum? Warum nicht? Zähle verschiedene Situationen auf, in denen Du Weisheit für eine richtige Entscheidung brauchst. Verheißt Gott hier eine fertige Lösung oder Weisheit zum Handeln? Was erfährst Du über den Charakter Gottes? Aus welchen Gründen kann es uns schwerfallen, so zu beten?

Frage 4

Prinzip: Der Demütige wird Gottes Unterweisung und Führung erfahren.

Zusatzfragen: Was »will« Gott tun? Was lernst Du über Gott durch die Worte »mein Auge auf dich richtend«? Gott »unterweist«, »lehrt« und »rät« – was müssen wir dann tun? Wovor warnt uns Vers 9, welches Problem wird angesprochen?

Frage 5

Prinzip: Gott erhört Gebete, wenn wir nach Seinem Willen bitten.

Zusatzfragen: Welche Voraussetzung für erhörtes Gebet findest Du hier? Was kannst Du tun, wenn Du in einer konkreten Sache nicht weißt, was der Wille Gottes ist? Worum solltest Du beten? Was denkst Du: Reicht es, in Gedanken Wünsche und/oder Bitten zu haben, oder muss man tatsächlich die Bitten, in Worte formuliert, als Gebet an Gott »absenden«? Welche zusätzliche Bedingung gibt uns Vers 14 für erhörtes Gebet? Welche zusätzliche Verheißung gibt uns Vers 15?

Frage 6

Prinzip: Gottes Wort offenbart Gottes Willen für unseren Lebensweg.

Zusatzfragen: Eine Taschenlampe ist nur von Nutzen, wenn man sie einschaltet. Was müssen wir mit Gottes Wort machen, damit es Licht auf unseren Lebensweg wirft? Kennst Du Bibelverse, die Dir in einer konkreten Situation Licht für anstehende Entscheidungen geben?

Frage 7

Prinzip: Der Heilige Geist ist unser Lehrer.

Anmerkung: Nutze die Gelegenheit, wiederum auf die Wichtigkeit der Stillen Zeit hinzuweisen. Nur wer die Ruhe vor Gott im Wort und Gebet kennt, kann vom Heiligen Geist gelehrt werden.

Zusatzfragen: Was ist allen diesen Versen gemeinsam? Welches Prinzip finden wir in allen drei Versen? (Der Heilige Geist lehrt, führt zur Erkenntnis.) Was sagt das über die Absichten Gottes aus, die Er mit uns hat?

Frage 8

Prinzip: Gottes Weisheit, Seine Absichten und Seine Ziele sind den unseren haushoch überlegen.

Zusatzfragen: Was ist Gott alles bekannt, was mir verborgen ist – aber entscheidenden Einfluss auf die Zukunft und mein langfristiges Wohlergehen hat? Bist Du in der Lage, Deine Wünsche von Deinem langfristig Besten zu unterscheiden? Wie können wir dazu kommen, dass unsere Wünsche immer mehr zu dem werden, was Gott will?

Frage 9

Prinzip: Das Vertrauen auf Gottes Führung hilft uns, Seine Wege zu gehen.

Zusatzfragen: Erkläre die drei Anweisungen! Was bedeuten sie? Welches Versprechen bekommen wir? Ist es schwer, das zu praktizieren? Hast Du diese Wahrheiten schon in Deinem Leben erfahren?

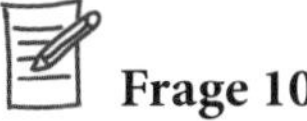 **Frage 10**

Prinzip: Suche Rat von geistlichen, reifen Geschwistern.

Zusatzfragen:

Zu Sprüche 11,14; 15,22: Fällt es Dir leicht oder schwer, Rat von anderen einzuholen? Warum? Was macht man mit ungeistlichem Rat? Kann Rat das eigene Forschen in der Schrift und das Gebet ersetzen? Was denkst Du: Kann man die folgenden Dinge, wenn es um Wegweisung geht, nach Wichtigkeit sortieren (Rat einholen, Gebet, Bibel)?

Zu Hebräer 13,17: Was ist die Aufgabe Deiner Ältesten? Sind sie in Ausübung dieser Aufgabe eigenverantwortlich? Was für einen Eindruck macht das auf Dich, wenn Du darüber nachdenkst, dass die Ältesten sich einmal vor Gott dafür verantworten müssen, welchen Rat sie Dir gegeben haben? Macht dies es Dir leichter oder schwerer, sie um Rat zu fragen?

Aufgaben

1. Setze alles daran, den Junggläubigen derart zu motivieren, dass er von nun an zur Orientierung und Entscheidungshilfe im Leben nicht mehr nach den Ansichten und dem Rat der Welt fragt, sondern sich nach der Weisheit und den Maßstäben der Bibel ausrichten will.
2. Redet über mögliche Wege weiterzuwachsen, wenn er den Wunsch dazu äußert. Schlage ihm Bibelgruppen und/oder eine Zweierschaft vor. Betone dabei immer wieder, dass es gilt, die bereits erlernten Grundlagen beständig in die Praxis umzusetzen.
3. Haltet den Kontakt zueinander aufrecht, um Gemeinschaft zu haben, Euch gegenseitig zu ermuntern und einander zu dienen.

Wie geht es weiter?

Wenn die Zusammenarbeit fruchtbar war, werdet Ihr vielleicht die Treffen fortsetzen wollen. Hier einige Themenvorschläge dafür:

- Ein Buch aus dem Neuen Testament durcharbeiten (Markusevangelium, Philipper- oder Römerbrief).
- Die Kurse *Training im Christentum*, Kurs 0 bis 4 durcharbeiten, herausgegeben von der Christlichen Literatur-Verbreitung Bielefeld. Lieferbar sind derzeit folgende Bände:
  - Jean Gibson/Peter Güthler, *Training im Christentum 0. Grundkurs*, Bielefeld: CLV, 1. Auflage der überarbeiteten Fassung 2023, ISBN: 978-3-89397-600-3.
  - Jean Gibson/Peter Güthler, *Training im Christentum 1. Für Anfänger*, Bielefeld: CLV, 1. Auflage der überarbeiteten Fassung 2023, ISBN: 978-3-89397-601-0.
  - Jean Gibson, *Training im Christentum 3. Für Fortgeschrittene*, Bielefeld: CLV, 3. Auflage 2002, ISBN: 978-3-89397-603-4.
  - Jean Gibson/Fred Colvin, *Training im Christentum 4. Jüngerschaftskurs*, Bielefeld: CLV, 2. Auflage 1997, ISBN: 978-3-89397-604-1.

Anhänge

Grundsätzliches zur Taufe

Bitte zunächst den Herrn darum, Dir Dein Herz zu öffnen und Dich aus Seinem Wort zu belehren. Lies dann die Lektion einmal durch, um einen Überblick zu bekommen, und studiere sie danach ausführlich, indem Du alle angegebenen Schriftstellen nachschlägst.

Biblisches Taufverständnis

1. Taufe – ein erster Gehorsamsschritt!

Es gibt viele Unterschiede in der kirchlichen Tradition und Handhabung der Taufe. Auch reife Christen sind diesbezüglich verschiedener Meinung. Dennoch bleibt die Taufe ein grundsätzliches Gebot des Herrn Jesus für alle Seine Nachfolger. »Tauft sie auf den Namen des Vaters und des Sohnes und des Heiligen Geistes«, sagte Er (Matthäus 28,19).

Gläubige sollen getauft werden, wenn sie gerettet sind (Markus 16,16). Den ersten Christen wurde dies treu gelehrt, und sie gehorchten (Apostelgeschichte 2,38.41; 8,12.36-39; 9,18; 10,47-48; 16,15.33; 18,8; 22,16). Es war ihr erster Gehorsamsschritt. Dadurch setzten sich Neubekehrte oft der Verfolgung aus. Sie waren Christen geworden und waren bereit, diesen Schritt des öffentlichen Bekenntnisses auf den Befehl ihres Herrn und Erretters hin zu tun.

2. Wer sollte getauft werden?

Es gibt keine Aufzeichnung im Neuen Testament darüber, dass jemand – ohne den Glauben an Christus zu bekennen – getauft worden wäre. Taufe vor der Errettung ist schon jahrhundertelang in vielen Kirchen üblich, aber eine solche Praxis ist in der Schrift nicht zu finden. In der Bibel ist es umgekehrt: zuerst Glaube, dann Taufe. Wir sehen das im Gebot Christi: »Macht zu Jüngern … und tauft« (Matthäus 28,19). Er sagt: »Wer da glaubt und getauft wird …« (Markus 16,16). Zu Pfingsten erklärte Petrus allen, die gerettet werden sollten: »Tut Buße, und ein jeder von euch lasse sich taufen auf den Namen Jesu Christi« (Apostelgeschichte 2,37-38). Der äthiopische Kämmerer bekannte seinen Glauben, bevor Philippus ihn taufte (Apostelgeschichte 8,37[3]). Wir werden gerettet, indem wir dem Evangelium glauben (Epheser 1,13; 1. Korinther 15,1-4), dazu gehört nicht die Taufe (1. Korinther 1,17). Umkehr und Glaube an Christus müssen zuerst kommen (Apostelgeschichte 20,21).

3. Und die Kindertaufe?

Obwohl die Kindertaufe im Neuen Testament nie ausdrücklich erwähnt wird, führen sie viele Kirchen schon seit Jahrhunderten durch. Als die geschichtlichen Gründe dieser Kirchen für die Kindertaufe werden angeführt:

(1) … um das Kleinkind vor der Hölle zu retten;

(2) … um den Prozess der Errettung zu beginnen, der zu einem späteren Zeitpunkt in der »Konfirmation« oder »Firmung« vollendet werden soll; oder

(3) … um den Eltern oder Taufpaten des Kindes durch den Tauf- oder Weihegottesdienst die Wichtigkeit einer christlichen Erziehung bewusst zu machen.

---

3 Dieser Vers findet sich erst in späteren Handschriften.

Der Gedanke, dass ein Ausfall der Taufe das Kind zur Hölle verurteilen würde, ist eine schreckliche Meinung über Gott. Aber auch die Vorstellung von der Kindertaufe als Beginn des Heilsprozesses, durch den das Kind Gnade erfährt, ist von der Schrift her genauso unvertretbar. So schön der Tauf- oder Weihegottesdienst auch sein mag, so ist er doch ebenfalls dem Neuen Testament unbekannt.

4. Was bedeutet die Glaubenstaufe?

Bei Wasser denkt man meist an Reinigung, aber der Gläubige kann nur durch das Blut Christi rein gemacht werden. Die biblische Bedeutung der Taufe ist eigentlich Tod, Begraben-Werden und Auferstehung (Römer 6,3-5).

Christus starb für unsere Sünden und wurde wegen unserer Rechtfertigung auferweckt. In der Errettung rechnet Gott das alles uns zu und versetzt uns »in Christus«. Wir sind mit Ihm gestorben und sind in den Augen Gottes mit Ihm auferweckt worden (Kolosser 3,1-3; Römer 6,6-11). Taufe ist dann ein Zeichen oder Bild dessen, was für den Gläubigen eigentlich schon stattgefunden hat. Der Gläubige vollzieht im Wasser der Taufe den Tod, das Begraben-Werden und die Auferstehung symbolisch nach. So wird der Gläubige mit Christus identifiziert, der ja für ihn starb, begraben und auferweckt wurde. Er bekennt hiermit, dass er eins mit Christus ist. Die Taufe wird als »die Bitte an Gott um ein gutes Gewissen« (1. Petrus 3,21 [Revidierte Elberfelder Bibel]) bezeichnet. Der Gläubige bekennt öffentlich: »Christus tat am Kreuz alles, was für meine Errettung nötig war; ich habe es in meinem Herzen geglaubt. Ich drücke das öffentlich auf diese Weise aus, wie Er es befohlen hat. Ich identifiziere mich mit Ihm.« Diese Identifikation soll die Entscheidung mit einschließen, ein »getauftes Leben« zu führen, ein Leben, in dem wir mit Ihm wandeln.

Weiterhin symbolisiert die Taufe den Aspekt der »Zugehörigkeit« des Gläubigen. Kolosser 2,11-12 bringt die Taufe in Beziehung zu der im Judentum bekannten Beschneidung[4]. Beschnitten wurden alle männlichen Säuglinge im Alter von acht Tagen. Damit wurde symbolisch verdeutlicht: Dieser Junge gehört jetzt zum irdischen Volk Gottes und gehört damit Gott. Diesen Aspekt der »Zugehörigkeit« greift Paulus auf, um deutlich zu machen:

Als Kind Gottes gehörst Du zur Gemeinschaft aller wiedergeborenen Christen und bist Gott zugehörig. Somit bringt die Taufe den Wechsel des Herrschaftsbereichs, in dem ich bisher lebte, zum Ausdruck. So wie 1. Thessalonicher 1,9 sagt: »... bekehrt ... [weg von den Götzen], um dem lebendigen und wahren Gott zu dienen.« Durch die Taufe bringe ich diese innere Einstellung sichtbar zum Ausdruck. Der Täufling erklärt:

»Der Satan hat keinen Rechtsanspruch mehr an mich. Ich lebe unter der alleinigen Herrschaft Gottes.«

Zusammenfassung

Wir haben den Befehl Christi, uns taufen zu lassen. Von den ersten Tagen des Christentums an haben die an Ihn Gläubigen sich der Taufe unterzogen. So wie wir ein moralisch gutes Leben führen, Seiner beim Brotbrechen gedenken, unseren Glauben an Christus bekennen und uns mit anderen Gläubigen versammeln sollen, so sollen wir uns auch taufen lassen. Die Taufe ist nicht notwendig zur Errettung für den Himmel, aber wichtig als Zeugnis für die Menschen.

Wir sollen dann auch die Echtheit unseres Bekenntnisses zu Christus durch das Führen eines »getauften Lebens« beweisen.

Was bedeuten diese Überlegungen für Dein Leben? Was willst Du tun und warum? Schreibe Deine Gedanken dazu nieder.

---

4 Die Aussage des Textes aus Kolosser 2,11-12 nimmt auf den *Sinn* der Beschneidung Bezug. Die hier aufgezeigte Beziehung zwischen Taufe und Beschneidung liegt *nicht* beim Alter dessen, der beschnitten wurde. Wir haben es also *nicht* mit einer Parallele zur Kindertaufe zu tun.

Anhang zu »Als Gotteskind siegreich leben« (Lektion 7)

Erkläre dem Neugläubigen, dass das normale Christenleben ein Leben im Sieg ist. Gott selbst sagt dies zu. Der Herr Jesus Christus hat alle Voraussetzungen dafür geschaffen. Mache ihm ganz deutlich, dass wir in Ihm sind und Er in uns ist (Johannes 14,20). Die Grundlage für unseren Sieg sind Sein siegreiches Leben und Werk und unser Eingeschlossensein in Sein Werk. Wenn Seine Lebenswirklichkeit in unserem Leben Raum gewinnt, so bringt uns dies Sieg. Erkläre das Prinzip »Wissen – Sich-dafür-Halten – Sich-zur-Verfügung-Stellen – Wandeln« aus Römer 6–8 und welche Rolle dabei dem Glaubenden zukommt. Verwende folgende Übersicht:

Verheißung des Sieges

- Leben im Überfluss (Johannes 10,10b);
- Fruchtbares Leben (Johannes 15,16a; Galater 5,22-23);
- Überwinderleben (1. Korinther 10,13; 1. Johannes 5,4);

Die Ausstattung für den Sieg

- Christus überwand die Welt (Johannes 16,13; Galater 6,14).
- Christus überwand das Fleisch (Römer 6,6; 8,3);
- Christus überwand den Teufel (Hebräer 2,14);

(Betone die Bedeutung des Kreuzes für das tägliche Leben. Weise auf praktische Beispiele wie das Aufgeben alter Freundschaften, Gewohnheiten und Ansichten hin und lass ihn selbst weitere Anwendungsbereiche nennen.)

- wissen (Römer 6,3-10);
- sich dafür halten (Römer 6,11);
- sich zur Verfügung stellen (Römer 6,12-13; 12,1-2);
- wandeln (Römer 8,4).